Georg Reinhold

Die Lehre von der Gegenwart Christi in der Eucharistie beim heiligen Thomas von Aquin

Georg Reinhold

Die Lehre von der Gegenwart Christi in der Eucharistie beim heiligen Thomas von Aquin

ISBN/EAN: 9783743614604

Hergestellt in Europa, USA, Kanada, Australien, Japan

Cover: Foto ©Lupo / pixelio.de

Weitere Bücher finden Sie auf **www.hansebooks.com**

Die Lehre

von der

örtlichen Gegenwart Christi
in der Eucharistie

beim

hl. Thomas von Aquin

mit Berücksichtigung

einiger seiner bedeutenderen Commentatoren.

Eine historisch-kritische Studie

von

Dr. Georg Reinhold,

Subrector des f. e. Priesterseminars zu Wien.

Mit oberhirtlicher Genehmigung.

Wien, 1893.

Verlag von Heinrich Kirsch

I., Singerstrasse 7.

Vorrede.

Die gegenwärtige Abhandlung hat, wie es schon
ihr Titel besagt, nicht den Zweck, eine neue Doctrin
über die örtliche Gegenwart des Leibes Christi in
der Eucharistie aufzustellen, sondern sie will nur die
Lehre des hl. Thomas über diesen Gegenstand einer
etwas eingehenderen Würdigung unterziehen. Was
den Verfasser bei der Wahl dieses Themas leitete,
war das ganz besondere Interesse, das jeder denkende
Gläubige gerade dem heiligsten Altarssacramente ent-
gegenbringt. Während die übrigen Sacramente vor-
übergehende Handlungen sind, deren übernatürliche
Gnadenwirkungen sich unserer Beobachtung gänzlich
entziehen, bietet die eucharistische Gegenwart des
Leibes Christi unter den Gestalten ein bleibendes
Substrat auch für unsere sinnliche Wahrnehmung.
Wie natürlich ist nicht für jeden Katholiken der
Wunsch, wenigstens mit dem geistigen Auge einmal
die Hülle der sacramentalen Gestalten zu durch-
dringen und etwas Näheres über die Gegenwart des
darunter verborgenen Erlösers, den er gläubig an-
betet, zu erfahren! Selbstverständlich wollen die vor-

stehenden Zeilen sich nicht ermessen, die Geheimnisse des wunderbaren Sacramentes zu ergründen, sie sollen vielmehr nur ein Versuch sein, darzustellen, was jener grösste der scholastischen Theologen über diese Frage dachte und schrieb, dessen Lehre über die Eucharistie der Kirchenrath von Trient gerade bei der Aufstellung der Definitionen über diesen Gegenstand in so ausgezeichneter Weise berücksichtigt hat, und der es schon früher verdiente, der Verfasser des kirchlichen Officiums vom hl. Sacramente zu sein.

Die ausser Thomas angeführten Theologen, welche seine Werke commentirten, nämlich Suarez, Cajetanus, Vasquez, Ferrariensis und Billuart, sind hier nicht nach der chronologischen Reihenfolge behandelt, sondern nach der grösseren oder geringeren Ausführlichkeit, mit der sie sich über die gegenwärtige Frage verbreiten.

Der grösseren Einfachheit wegen ist im Verlaufe der Abhandlung da, wo dogmatisch genauer der Ausdruck «Christi Leib und Blut» oder „die Gestalten von Brot und Wein" gebraucht werden sollte, in der Rgel «nur „der Leib Christi». beziehungsweise «die Brotsgestalt» genannt worden.

Dem im heiligsten Sacramente gegenwärtigen Herrn und Heiland weiht diese Arbeit

in tiefster Unterwürfigkeit

Wien, am 7. December 1892.

Der Verfasser.

§ 1.

Stand der Frage.

Die Lehre der Kirche, soweit wir sie zum Ausgangspunkte der gegenwärtigen Abhandlung nehmen, ist ausgesprochen vom Trienter Concil sess. XIII, cap. 3.[1] Ihr zufolge ist in der Eucharistie gleich nach der Wandlung der wahre Leib unseres Herrn und sein wahres Blut unter den Gestalten von Brot und Wein zugleich mit seiner Seele und seiner Gottheit gegenwärtig und zwar den Einsetzungsworten entsprechend der Leib zunächst unter der Brotsgestalt und das Blut unter der Gestalt des Weines. Nichtsdestoweniger ist, wie das Concil weiter ausführt, unter der Gestalt des Weines auch der Leib und unter der Gestalt des Brotes auch das Blut des Herrn zugegen, ferner unter jeder von beiden auch die Seele

---

[1] Semper haec fides in Ecclesia Dei fuit, statim post consecrationem verum Domini nostri corpus verumque ejus sanguinem sub panis et vini specie una cum ipsius anima et divinitate existere; sed corpus quidem sub specie panis et sanguinem sub vini specie ex vi verborum, ipsum autem corpus sub specie vini et sanguinem sub specie panis animamque sub utraque vi naturalis illius connexionis et concomitantiae, qua partes Christi Domini, qui iam ex mortuis resurrexit non amplius moriturus, inter se copulantur; divinitatem porro propter admirabilem illam eius cum corpore et anima hypostaticam unionem. Quapropter verissimum est tantumdem sub alterutra specie atque sub utraque contineri; totus enim et integer Christus sub panis specie et sub quavis ipsius speciei parte, totus idem sub vini specie et sub eius partibus existit.«

Christi und seine Gottheit, jene wegen der natürlichen
Verbindung und Zusammengehörigkeit der Bestand-
theile der menschlichen Natur in Christo nach seiner
Auferstehung, diese aber auf Grund der hypostatischen
Vereinigung mit Leib und Seele. Demgemäss ist
Christus ganz und vollständig unter der Gestalt
des Brotes und unter jedem beliebigen Theile dieser
Gestalt, und ebenso ganz unter der Gestalt des
Weines und ihren Theilen vorhanden.

Bedeutungsvoll hebt die Kirche in diesen Worten
hervor, dass Christus ganz und vollständig, totus et
integer, im Sacramente zugegen sei. Zusammenhang
und Sprachgebrauch lassen unschwer erkennen, dass
diese Ausdrücke hindeuten auf die völlige Identität
des eucharistischen Leibes Christi mit dem Leibe
Christi, wie er im Himmel zur Rechten des Vaters
thront. Wenn irgendwo, so ist dort, in loco coelesti,
die ganze Persönlichkeit Christi zugegen, im Besitze
auch der menschlichen Natur mit allen ihren wesentlichen und ausserwesentlichen Bestimmtheiten, mit
denen dieselbe einst hier auf Erden ausgestattet war.
Soll Christus auch im Sacramente ganz und vollständig
zugegen sein, so darf ihm hier offenbar nichts fehlen
von allem dem, was ihm im Himmel eigen ist.

Welchen Umfang haben wir dieser Gänze und
Vollständigkeit zu geben? Das Concil zählt vorher
die verschiedenen in der Person des Gottmenschen
vereinigten Elemente auf, nämlich die göttliche Natur
und die menschliche, und zwar diese letztere nach der
rein körperlichen Seite durch Fleisch und Blut, nach
der geistigen Seite durch die Seele dargestellt. Wenn
es unmittelbar im Anschluss daran von dem ganzen
und vollständigen Christus spricht, so sind diese Ausdrücke selbstverständlich zunächst von der Zusammen-
fassung aller dieser Ausdrücke zu verstehen.

Allein die menschliche Natur hat, wie oben an-
gedeutet wurde, wesentliche und ausserwesentliche
Bestimmtheiten, und nach der eben erwähnten Auffassung könnte Christus gar wohl ganz und vollständig gegenwärtig genannt werden, wenngleich
von seiner menschlichen Natur nur die Substanz ohne
die ihr anhaftenden Accidentien im Sacramente vorhanden wäre. Ueberdies geht nach der Erklärung
desselben Concils (sess. XIII. cap. 4) die Verwandlung
nur zwischen den Substanzen von Brot und Wein und
jenen des Leibes und Blutes Christi, nicht aber auch
zwischen den Accidentien vor sich. Es fragt sich deshalb, ob mit der in der Eucharistie gegenwärtigen
menschlichen Natur Christi auch deren Accidentien
zugegen sind, in erster Linie die den Körpern eigen-
thümliche quantitas dimensiva, mittelst derer ja
die übrigen Accidentien erst der Substanz inhäriren.

Fast durchgehends lautet bei den Theologen die
Antwort auf diese Frage bejahend. Suarez nennt diese
Ansicht sententia communis[1] und theologice certa,[2]
wenn auch nicht de fide, die gegentheilige Lehre des
Durandus aber plus quam falsa.[3] Diese letztere, sagt
er, kann man zwar nicht eine Häresie nennen, denn
es liegt weder eine ausdrückliche Erklärung der Kirche,
noch ein unwiderleglicher Schriftbeweis vor, und man
muss zu einigen philosophischen Principien greifen,
die im vorliegenden Falle wahr und so ziemlich sicher,
aber nicht ganz evident sind. Doch möchte sie Suarez
mit Alexander Halensis eine doctrina erronea oder
wenigstens temeraria nennen, denn sie sei contra tor-

---

[1] Commentariorum ac Disputationum in Tertiam Partem Divi Thomae tom. 3. auctore P. Francisco Suarez. S. J. Lugduni 1614. Disp. 51
sect. 2. pag. 661.

[2] A. a. O. pag. 663.

[3] A. a. O Disp. 48. sect. 1. pag. 582.

rentem Doctorum, wie er sich ausdrückt, und bringe
ohne Noth und hinreichende Begründung manches in
die Lehre vom Altarssacramente hinein, das einerseits
der Würde der Persönlichkeit Christi und andererseits dem Sprachgebrauche der Schrift, der Concilien
und der hl. Väter wenig entspricht.

Thomas von Aquin widmet dieser Frage in seiner
Summa Theologica einen eigenen Artikel (III. q. 76.
a. 4.): «Utrum tota quantitas dimensiva corporis
Christi sit in hoc sacramento» und die Conclusio
lautet: «Ex vi realis concomitantiae est in hoc
sacramento tota quantitas dimensiva corporis Christi et omnia accidentia eius.» Die Gründe,
auf welche er diese seine Ansicht stützt, sind nicht
direct von Bedeutung für den Zweck der gegenwärtigen Abhandlung, sie seien deshalb nur kurz erwähnt. Der in der Eucharistie gegenwärtige Leib
Christi, sagt er (in IV. dist. 10. q. 1. a. 2. quaestiunc.
3. arg. Sed contra), ist kein todter, sondern ein leben-
diger Leib, ein solcher ist nicht denkbar ohne Orga-
nisirung, diese aber setzt eine verschiedene Lage der
einzelnen Glieder und diese wieder die Quantität voraus. Die körperliche Substanz, bemerkt er an derselben Stelle, ist unzertrennlich begleitet von der
Quantität, diese ist für die Körpersubstanz passio
propria, von einer solchen aber wird das Subject niemals getrennt.[1])

---

[1]) «Subjectum nunquam separatur a propria passione. Sed substantiae corporalis propria passio est quantitas dimensiva.
Ergo cum substantia corporis Christi sit sub sacramento, etiam quantitas
ejus dimensiva erit. — Praeterea de ratione corporis vivi est organizatio, ut patet in II. de anima text. 6. et 7. Sed organizatio re-
quirit diversum situm partium, situs autem praesupponit
quantitatem. Ergo oportet, cum corpus Christi sit vivum sub sacramento, quod sit ibi sub propria quantitate».

Diese Lehre wiederholt Thomas an zahlreichen anderen Stellen, wie wir im Laufe dieser Untersuchung noch gelegentlich sehen werden. Sie musste sich ihm schon als Folgerung seiner Ansicht über die Natur der Transsubstantiation darstellen. Durch diese wird nach ihm die Brotsubstanz verwandelt in den schon vorher existirenden individuellen Leib Christi, welcher durch die Verwandlung durchaus keine Veränderung erleidet.[1]) Individuationsprincip aber ist für die körperliche Substanz nach dem hl. Thomas die materia signata i. e. affecta determinata aliqua quantitate.[2])

Das Vorhandensein der Quantität mit ihren Dimensionen nun am eucharistischen Leibe Christi vorausgesetzt, ergeben sich sofort bedeutende Schwierigkeiten. Die Ausdehnung des Leibes Christi ist doch eine bedeutend grössere als die der gewöhnlichen consecrirten Hostien, müsste also die letztere nach allen Seiten hin überragen, andererseits aber ist der Leib Christi nach katholischer Lehre nur unter der Brotsgestalt, nicht auch ausserhalb derselben sacramental zugegen.[3]) Ferner verlangt das Dogma die Gegenwart des ganzen und ungetheilten Christus unter

---

[1]) IV. dist. 11. q. 1. a. 3. sol. l.: «Illud, in quod fit conversio, erat praeexistens et non ei additur, quia . . . illud, quod convertitur, convertitur in ipsum et secundum totum et secundum omnes partes eius; unde hoc, in quod terminatur conversio, nullo modo transmutatur sc. corpus Christi, sed solum panis, qui convertitur». Ferner an derselben Stelle: «Solius Dei operatione hoc fieri potest, ut hoc individuum demonstratum fiat illud individuum demonstratum et talis modus conversionis est in hoc sacramento».

[2]) Summa Theol. I. q. 75. a. 4. corp.

[3]) III. q. 76. a. 4. obj. 3.: «Si duae quantitates dimensivae inaequales iuxta se ponantur, maior extenditur ultra minorem. Sed quantitas dimensiva corporis Christi est multo maior quam quantitas dimensiva hostiae consecratae secundum omnem dimensionem. Si ergo in hoc sacramento sit quantitas dimensiva . . . corporis Christi cum quan-

jedem beliebigen, wenn auch noch so kleinen Theilchen der sacramentalen Gestalten. Haben wir da nicht offenbare Widersprüche und Unmöglichkeiten, wird nicht die grössere Dimension der kleineren, das Ganze dem Theile gleichgesetzt?

Mit der Lösung dieser Schwierigkeiten, wie sie von Thomas und anderen grossen Theologen gegeben oder wenigstens versucht wurde, sollen sich die folgenden Zeilen beschäftigen. Bei der Dunkelheit des Gegenstandes darf natürlich keine volle Klarstellung der Frage erwartet werden. Suarez [1]) erklärt offen, dass er diesen Lehrpunkt für den schwierigsten in der ganzen Lehre von der Eucharistie halte und Thomas selbst [2]) nennt die Existenzweise Christi im Sacramente eine ganz und gar übernatürliche, zu deren intuitiver Erkenntniss weder der Intellect eines Menschen, noch der eines Engels ohne übernatürliche Beihilfe ausreiche. Nur in dem ebenfalls von Thomas (I. q. 1. a. 5. ad 1.) citirten Satze des Aristoteles: «Minimum, quod potest haberi de cognitione rerum altissimarum, desiderabilius est quam certissima cognitio, quae habetur de minimis rebus,» möge der vorliegende Versuch einigermassen seine Begründung und Berechtigung finden.

Was die Natur der Sache bei allen Geheimnisslehren, die uns nur aus der Offenbarung bekannt sind, mit sich bringt, gilt auch hier, dass wir sie nämlich weniger in ihrem positiven Sein, als vielmehr in nega-

---

titate dimensiva hostiae, quantitas dimensiva corporis Christi extendetur ultra quantitatem hostiae, quae tamen non est sine substantia corporis Christi. Ergo substantia corporis Christi erit in hoc sacramento etiam praeter species panis, quod est inconveniens, cum substantia corporis Christi non sit in hoc sacramento nisi per consecrationem panis.»

[1]) A. a, O. Disp. 52. sect. 2. pag. 679.

[2]) III. q. 76. a. 7. corp.

tiver Weise erkennen, durch Ausschliessung gewisser Prädicate, die wir bei den Gegenständen der uns sonst natürlichen Erkenntnisssphäre antreffen. Es darf daher nicht Wunder nehmen, wenn wir auch bei Thomas diesen Weg vorzugsweise eingeschlagen finden. Wir werden ihm auf diesem Wege folgen und demgemäss zuerst durch die Gegenüberstellung der sacramentalen Daseinsweise mit den uns sonst bekannten Arten örtlicher Gegenwart und durch die Hervorhebung der obwaltenden Unterschiede die erstere zu erläutern suchen, dann erst soll angeschlossen werden, was sich an positiven Bestimmungen der eucharistischen Gegenwart finden lässt.

§ 2.
Arten der Gegenwart im Raume.

Drei Arten der Gegenwart im Raume pflegt man zu unterscheiden und sie werden von der Schule durch die Ausdrücke circumscriptive, definitive und redundanter bezeichnet.

Die erste Art, vom hl. Thomas auch praesentia localis im engeren Sinne oder praesentia in loco ut in loco genannt, kommt den Körperwesen zu. Der Körper ist naturgemäss quantitativ ausgedehnt, seine Realität setzt sich zusammen aus Theilen, die im Raume auseinanderliegen. Der Körper ist somit ganz im ganzen Raume, nicht aber auch ganz in den einzelnen Theilen dieses Raumes. Die Dimensionen des Körpers lassen sich abmessen, commensurare, wie Thomas sich ausdrückt, mit den Dimensionen des ihn umgebenden Raumes. Diese Art der Gegenwart ist, weil den Körper eigenthümlich, die einzige unserer Phantasie vorstellbare.

Die definitive Gegenwart im Raume gehört den immateriellen geschöpflichen Wesen zu. Wegen des Mangels einer körperlichen Ausdehnung ist bei ihnen ein Abmessen von Theilen mit entsprechenden Raumtheilen unmöglich, ebenso unmöglich ein Umschlossenwerden von Seiten der umgebenden Körper. Im Gegentheil sind sie es, welche die ihrer Einwirkung unterliegenden Körper gewissermassen umschliessen und zusammenhalten.[1]) Ihre Beziehung zum Orte, an dem sie sind, besteht in einer gewissen Einwirkung auf die daselbst befindlichen Körper, contactus oder applicatio virtutis genannt. Aus demselben angeführten Grunde, dass nämlich eine Unterscheidung quantitativer Theile bei dergleichen immateriellen Wesen nicht vorhanden sein kann, und sie somit da, wo sie sind, nur ganz sein können, pflegt man diese definitive Gegenwart auch dahin zu charakterisiren, dass das so gegenwärtige immaterielle Wesen seiner Gänze nach ebenso im Ganzen wie im Theile des Raumes, jedoch immer auf einen gewissen endlichen Theil desselben beschränkt, zugegen sei.

Von Gott allein endlich sagen wir die dritte Weise des Daseins im Raume aus, die mit dem Adverb redundanter bezeichnet wird. Er ist ganz im ganzen Raume und ganz in jedem Theile, jedoch so, dass seine Gegenwart nicht auf einen bestimmten endlichen Raum eingeengt werden kann, sondern sich über alle wirklichen und möglichen Räume erstrecken muss. Diese Art der Gegenwart ist nichts anders als Gottes Unermesslichkeit oder, insofern nur von den in Wirklichkeit existirenden Körpern die Rede ist, seine Allgegenwart.

---

[1]) I. q. 52. a. 1.: «Substantia incorporea sua virtute contingens rem corpoream continet ipsam et non continetur ab ea. Anima enim est in corpore ut continens et non ut contenta».

Etwas verschieden von der angegebenen herkömmlichen Weise und jedenfalls schärfer und etymologisch richtiger fasst der hl. Thomas die Arten der Gegenwart am Orte in IV. dist. 10. q. 1. a. 3. sol. II.[1]) Ihm zufolge ist ein Wesen dann definitive praesens in loco, wenn der betreffende Ort ihm derart als Sphäre der Wirksamkeit entspricht, dass diese Wirksamkeit durch den Ort gleichsam umgrenzt oder umschrieben ist (definitur) und sich nicht darüber hinaus erstrecken kann, mag sie nun als contactus quantitatis, wie bei den Körpern, oder als contactus virtutis, wie bei den immateriellen Wesen, gedacht werden. Allen geschöpflichen Dingen ohne Ausnahme kommt wegen ihrer Endlichkeit, wenn auch in verschiedenem Grade, eine solche Beschränkung ihrer Wirkungssphäre und somit eine blos definitive Gegenwart zu, nur die Weise der göttlichen Gegenwart steht ihr adäquat gegenüber. Somit wäre die Gegenwart an einem Orte entweder eine non-definitiva oder eine definitiva, und diese letztere wieder kann circumscriptiva oder non-circumscriptiva sein.

Diese kurze Uebersicht vorausgeschickt, fragt es sich nun, ob sich die eucharistische Gegenwart mit einer der drei angeführten Arten deckt. Der heilige Thomas antwortet mit Nein. Er erklärt sie für eine ganz specielle und diesem Sacramente eigenthüm-

---

¹) «Ad hoc, quod aliquid sit in loco definitive, duo requiruntur. Primum est, ut competat ibi esse ei, quia quod non est in aliquo loco, non potest illo loco definiri. Secundum est, quod sit ibi sicut in loco commensurato aliquo modo suae quantitati vel virtuti. Corpus enim bicubitale non definitur loco unius cubiti, quamvis aliquo modo sit ibi; neque anima est definitive in manu, quia est et in aliis partibus, eo quod non est in manu secundum totam virtutem suam. Et ideo omne, quod habet quantitatem finitam vel virtutem finitam, oportet, quod sit definitive in loco, in quo est: et ideo angeli definitive sunt in loco, non tamen Deus». Die nähere Erklärung dieser Stelle siehe unten S. 18.

liche[1]) und sagt,[2]) dass das Verhältniss des Leibes
Christi zu den sacramentalen Gestalten mit keiner der
im Bereiche der Natur sonst vorkommenden Weisen
örtlicher Gegenwart eine Aehnlichkeit habe. Man
müsse deshalb die sacramentale Gegenwartsweise als
eine vierte den übrigen drei anreihen.

§ 3.

Die sacramentale Weise der Gegenwart, verglichen mit der localen im engeren Sinne oder circumscriptiven.

Der früher angedeuteten Ordnung folgend, beginnen wir mit der Darstellung der erwähnten Unterschiede. Was die praesentia circumscriptiva oder localis
im engeren Sinne betrifft, so umschreibt nach der bekannten Definition des Aristoteles[3]) der Ort den an
ihm befindlichen Gegenstand, insofern er ringsherum
allseitig die Figur dieses Gegenstandes zum Ausdruck
bringt, etwa so wie das weiche Wachs die Formen
des Siegels wiedergibt. Der an einem Orte so befind-
liche Körper hat deshalb mit diesem Orte, welcher
ale die jenen Körper unmittelbar berührende Ober-
fläche des einschliessenden Körpers gedacht wird,
eine und dieselbe Figur. Eine Figur aber ist undenk-
bar ohne Quantität. Mit anderen Worten, ein solches

---

[1]) III. q. 75. a. 1. ad 3.: «Corpus Christi non est eo modo in hoc
sacramento sicut corpus in loco, quod suis dimensionibus loco commensuratur, sed quodam speciali modo, qui est proprius huic sacramento».

[2]) In IV. dist. 10. q. 1. a. 3. sol. I. ad 1.: «Comparatio corporis Christi ad species, sub quibus est, non est similis alicui
comparationi naturali».

[3]) IV. Physic. c. 4. «Locus est terminus ambientis (corporis) immo-
bilis primus».

Umschlossenwerden vom Orte, also eine eigentlich circumscriptive Gegenwart am Orte, setzt nothwendig voraus, dass die einzelnen quantitativen Theile des betreffenden Gegenstandes in ununterbrochener Folge mit den entsprechenden qantitativen Theilen des umschliessenden Ortes in Berührung stehen, so dass Theil und Theil, Ganzes und Ganzes sich decken. Dieses Verhältniss bezeichnet Thomas [1]) als c o m m e n s u r a t i o d i m e n s i o n u m c o r p o r i s c u m d i m e n s i o n i - b u s l o c i. Wo hingegen die ununterbrochene Wechselbeziehung und gegenseitige Messung zwischen Körper und Raum nach ihrer Gänze und nach ihren Theilen fehlt, ist auch jene Weise örtlicher Gegenwart nicht vorhanden, welche man die circumscriptive nennt.

Diese commensuratio nun muss nach der Ansicht des hl. Thomas von der eucharistischen Gegenwart gänzlich ausgeschlossen werden und vielleicht kein Satz findet sich bei ihm in der gegenwärtigen Materie öfter ausgesprochen als dieser.[2]) Aus den betreffenden Stellen geht zugleich hervor, dass er darin den Schlüssel für die Lösung aller Schwierigkeiten findet,

---

[1]) IV. dist. 10. q. 1. a. 1. ad 5. und an zahlreichen anderen Stellen.

[2]) III. q. 76. a. 4. ad 2.: «In hoc sacramento q u a n t i t a s d i m e n - s i v a panis est secundum proprium modum, scilicet s e c u n d u m c o m - mensurationem quandam, non autem q u a n t i t a s d i m e n s i v a c o r p o r i s C h r i s t i, sed est ibi per modum substantiae». Ebendaselbst ad 3.: «Q u a n t i t a s d i m e n s i v a c o r p o r i s C h r i s t i n o n e s t i n h o c s a c r a m e n t o s e c u n d u m m o d u m c o m m e n s u r a t i o n i s, qui est proprius quantitati, ad quem pertinet, quod maior quantitas extendatur ultra minorem». — IV. dist. 10. q. 1. a. 3. quaestiunc. 1. arg. Sed contra: «Omne corpus, quod circumscribitur loco, commensuratur loco circumscribenti, quia locus et locatum sunt aequalia, ut dicitur in IV. Physic. text. 30. Sed c o r p u s C h r i s t i n o n c o m m e n s u r a t u r q u a n t i t a t i d i m e n s i o n u m». Ebendaselbst sol. III. ad 3.: «Corpus Christi, quamvis in se consideratum non absolvatur a propria quantitate, tamen n o n comparatur a d h o s t i a m, sub qua est, s e c u n d u m p r o p r i a m q u a n -

die man gegen die quantitative Ausdehnung des
eucharistischen Leibes Christi zu machen pflegt. Er
kann nicht oft genug wiederholen, dass, obwohl der
Leib Christi mit der vollkommenen Organisation eines
ausgewachsenen menschlichen Körpers und infolge-
dessen auch mit den entsprechenden Dimensionen zugegen ist, dennoch zwischen ihm und den sacramentalen Gestalten eine vergleichende Messung hinsichtlich ihrer quantitativen Ausdehnung durchaus unzu-
lässig sei.

Diese Ansicht des heiligen Lehrers enthält des
Dunkeln und Räthselhaften gar Vieles. Die Gestalten
des Brotes, die ich vor mir habe, sind in dem Raume,
der sie umgibt, jedenfalls im eigentlichen Sinne localiter zugegen, ich kann ihre Ausdehnung mit den
Sinnen wahrnehmen und messen. In eben diesen Gestalten, und zwar gerade so weit, als sie sich erstrecken,
also offenbar ebenfalls innerhalb des von ihnen eingenommenen Raumes, ist nun noch ein anderer wirk-
licher Körper mit ausgedehnten Theilen von ganz bestimmten Dimensionen, nämlich der Leib Christi, zugegen, mag auch die Art dieser zweiten Gegenwart

---

titatem». — III. q. 76. a. 5. ad 1.: «Corpus Christi non est in hoc
sacramento circumscriptive, quia non est ibi secundum commensu-
rationem propriae quantitatis». — A. a. O. ad 2.: «Determinata
distantia partium in corpore organico fundatur super quantitate
dimensiva ipsius. ... Talis distantia partium est quidem in ipso
corpore Christi vero, sed non secundum hanc distantiam
comparatur ad hoc sacramentum, sed secundum modum suae substantiae». — IV. dist. 10. q. 1. a. 2. quaestiunc. 4. ad 1.: »Non est ibi
(in hoc sacramento) aliqua superpositio quantitatis ad quantitatem nec
aliqua commensuratio quantitatum». — Ebendaselbst a. 3. sol. I.
ad 2.: ‹Quamvis corpus Christi non denudetur positione neque aliqua
suarum proprietatum ex hoc, quod est sub sacramento, non tamen sequitur, quod, secundum quod habet figuram et quantitatem,
comparetur ad species sacramenti» und an anderen Stellen.

wie immer beschaffen sein. Die Gliedmassen des Leibes Christi haben ihre naturgemässe Lage zu einander und Entfernung von einander, die Ausdehnung des einen Körpertheiles kann mit der des anderen gemessen werden und doch soll ich die Dimensionen dieser beiden am selben Orte vor mir befindlichen Körper nicht gegenseitig messen, ja überhaupt nicht mit einander in Vergleich bringen dürfen? Behaupten wir da blos Dunkles und schwer Verständliches und nicht geradezu Unmögliches?

Dem hl. Thomas schien es nicht. Im Gegentheil, aus dieser Aufstellung gewinnt er die Lösung der bedeutendsten Schwierigkeiten, die von Seite der Raumdimensionen gegen die katholische Lehre vom hl. Altarssacramente erhoben werden. Schon oben (S. 15) haben wir diesen Gegenstand berührt. «Wenn zwei ungleiche ausgedehnte Grössen,» so bildet sich Thomas (III. q. 76. a. 4. obj. 3.) selbst den Einwand, «neben einander gestellt werden, so muss die grössere über die kleinere hinausragen. Nun sind aber die Dimensionen des Leibes Christi bei weitem grösser als die der consecrirten Hostie, und zwar nach jeder Richtung hin. Sollen also in der Eucharistie neben den Dimensionen der Hostie auch die des Leibes Christi vorhanden sein, so werden die letzteren über die ersteren hinausragen und es wird somit die Substanz des Leibes Christi im Altarssacramete auch ausserhalb der Brotsgestalten sein. Diese Annahme aber ist unstatthaft, weil nach dem katholischen Dogma in jeder consecrirten Hostie und in jedem Theilchen derselben der ganze Christus gegenwärtig ist.» Weit kürzer, als der Einwand, ist die Antwort formulirt: «Die dimensive Quantität des Leibes Christi ist in diesem Sacramente nicht nach der Weise der (gewöhnlichen) reciproken Messbarkeit vorhanden, nur

nach dieser Weise aber trifft es zu, dass die geringere
Quantität von der grösseren überragt wird.»[1])

Die Stichhältigkeit dieser Antwort ist einleuch-
tend. Besteht zwischen den Dimensionen des Leibes
Christi und jenen der sacramentalen Gestalten keine
Beziehung der gegenseitigen Messbarkeit, so kann
ich sie überhaupt nicht miteinander vergleichen und
weder eine Gleichheit, noch eine Ungleichheit rücksichtlich der Ausdehnung zwischen ihnen behaupten.
Nur wäre die dieser Folgerung zu Grunde liegende
Voraussetzung erst zu beweisen. Ist es überhaupt
möglich, dass zwei quantitativ ausgedehnte Grössen
sich nebeneinander am selben Orte befinden, ohne
dass ihre Ausdehnungen miteinander gemessen werden
könnten? Hierin scheint der eigentliche Kern der
Schwierigkeit in der gegenwärtigen Frage zu liegen.
Indessen dürfte es sich mehr empfehlen, in einem
späteren Theile der Abhandlung auf diesen Punkt
zurückzukommen und wir wenden uns jetzt zur Ver-
gleichung der sacramentalen Gegenwartsweise mit der
definitiven und mit jener, welche dem unendlichen
göttlichen Wesen zukommt.

§ 4.

Die sacramentale Weise der Gegenwart, verglichen mit der definitiven und der Gegenwartsweise Gottes.

Eine genaue Begriffsentwicklung dieser definitiven Gegenwart findet sich an der oben (S. 13)
citirten Stelle (in IV. dist. 10. q. 1. a. 3. sol. II.).
Einige Erläuterungen hinzugefügt, sagt Thomas dort

---

[1]) Siehe oben Anm. 3 auf S. 9.

ungefähr Folgendes: Zwei Merkmale gehören wesentlich zu diesem Begriffe. Für's Erste muss die Sache, von der die Rede ist, an jenem Orte wirklich ihrem physischen Sein nach zugegen sein. Es handelt sich hier ja nicht um eine beliebige Art, wie Etwas in einem Anderen sein kann, nicht z. B. bloss um das rein ideelle Vorhandensein des Erkannten oder Begehrten im Erkennenden und Begehrenden, sondern um die örtliche Gegenwart jener Sache, also der Sache nach ihrem physischen Sein, nach ihrer objectiven Realität. Zweitens muss jener Ort der naturgemässen Wirksamkeit der Sache in einem gewissen Sinne proportionirt, angemessen sein, sie gleichsam erschöpfen, so dass durch den Ort die Grenzen dieser Wirksamkeit weder zu eng, noch zu weit gezogen sind. So wäre eine Ausdehnung von zwei Masseinheiten nicht definirt, d. h. ihrem natürlichen Sein und Wirken gemäss umgrenzt durch einen Raum von nur einer Masseinheit, ebenso nicht durch einen Raum von drei Masseinheiten. Desgleichen ist die Seele nicht in der Hand allein definitiv gegenwärtig, weil ihr Wirken sich auch auf die übrigen Körpertheile erstreckt. Aus diesem zweiten Merkmale folgt, dass Alles, was in Bezug auf Quantität oder wirkende Kraft begrenzt ist, nicht anders als definitiv an einem Orte zugegen sein kann, und da diese Beschränktheit allen Geschöpfen zukommt, so ist es dem göttlichen Wesen allein eigen, von keinem Orte, mag seine Ausdehnung auch noch so gross gedacht werden, definirt oder umgrenzt zu sein.

Wie verhält sich nun zu dieser definitiven Weise örtlicher Gegenwart die eucharistische Gegenwart Christi? Der hl. Lehrer beantwortet diese Frage an der eben angeführten Stelle. Wohl trifft das erste Merkmal zu, denn der Leib Christi ist unter den Ge-

2*

stalten seinem physischen Sein nach in Wahrheit zugegen. Das andere Merkmal hingegen fehlt. Der
Raum der Hostie ist nicht die Sphäre, welche den
Leib Christi adäquat umgrenzte, und zwar weder rücksichtlich seiner Quantität, da ein Gegenüberstellen
der beiderseitigen Dimensionen nach dem früher Gesagten gar nicht stattfinden kann, noch auch rücksichtlich der dem Leibe Christi naturgemässen Wirksamkeit. Christi Leib wird nämlich in den einzelnen
nach einander consecrirten Hostien gegenwärtig, nicht
weil er seine Wirksamkeit von der einen zur andern
immer weiter ausdehnen kann, denn so müsste derselben, da sie endlich ist, doch schliesslich eine Grenze
gesetzt werden, und so würde die Art seiner Gegenwart eben eine definitive, sondern er ist zugegen auf
Grund der Verwandlung der Brotsubstanz. Die Zahl
und der Umfang dieser Verwandlungen lässt sich aber
in unabsehbare Weite ausdehnen, und dies ist der
Grund, weshalb die eucharistische Gegenwart nicht
eine definitive genannt werden kann.[1])

Etwas weiter wird diese Begründung noch ausgeführt in IV. dist. 10. q. 1. a. 1. ad 8. Dass der Leib
des Herrn, ausser an dem Orte im Himmel, wo er
circumscriptive zugegen ist, auch noch in unzähligen

---

[1]) A. a. O. «Corpus Christi, quamvis secundum veritatem sit sub
speciebus, non tamen competit ei ratione sui: quia neque ratione suae
quantitatis, ut dictum est, neque ratione suae virtutis, sed ratione illius, quod in ipsum conversum est ibi praeexistens, cujus
dimensiones adhuc manent, quibus ad locum illum determinabatur: et ideo
non definitur loco illo, sed simili modo potest esse alibi, ubicumque fuerint
panis dimensiones conversi in ipsum». Ebendaselbst ad 3.: «Finitum et
infinitum sunt passiones quantitatis, secundum Philosophum in I. Phys.
text. 15; unde cum corpus Christi non habeat ex ratione suae quantitatis,
quod sit, ubi consecratur, sed magis ex conversione alterius in ipsum corpus
Christi: sic esse in pluribus et non definitive in uno non pertinet
ad ejus finitatem vel infinitatem, sed magis ad numerum eorum,
quae convertuntur in ipsum».

Hostien auf eine andere Weise zugegen sein kann, hat seinen Grund nicht etwa in der Verklärtheit des eucharistischen Leibes Christi, denn sonst müsste sich diese Möglichkeit a fortiori bei den immateriellen seligen Geistern finden, und doch können diese nur definitive an einem Orte zugegen sein, noch auch in der hypostatischen Vereinigung des Leibes Christi mit der Gottheit, da diese Vereinigung die Natur des Leibes nicht aufhebt, sondern der Grund hiefür ist einzig und allein der, dass in Christi Leib die Brotsubstanz verwandelt wird, und zwar so, dass sich die Zahl dieser Verwandlungen in indefinitum forterstrecken kann. Die Verwandlung einmal zugegeben, ist dann die Vervielfältigung der Gegenwart eine so nothwendige Consequenz derselben, dass Thomas nicht ansteht, zu behaupten, auch ein Stein könnte in dieser Weise seine Gegenwart vervielfältigen, wenn Gott die Brotsubstanz in einen Stein, statt in den Leib Christi verwandelte, was ohne Zweifel seiner Allmacht nicht widerspricht.[1])

In dem bisher Gesagten haben wir die definitive Gegenwart in dem Sinne besprochen, welchen der hl. Thomas aufstellt, nämlich nach der Einschränkung des so gegenwärtigen Wesens auf einen bestimmten endlichen Theil des Raumes, mag dasselbe nun körperlich oder immateriell sein. Was die gewöhnliche Auffassung der definitiven Gegenwart betrifft, nach welcher sie nur immateriellen Wesen zukommt und der zufolge diese ganz sowohl im Ganzen als auch in jedem Theil des Raumes gegenwärtig sind, so werden

---

[1]) «Ad octavum dicendum, quod hoc (sc. esse in pluribus locis) non competit corpori Christi neque in quantum est corpus neque inquantum est gloriosum neque inquantum divinitati unitum, sed inquantum est terminus conversionis; unde similiter accideret de corpore lapidis, si Deus simili modo panis substantiam in lapidem converteret, quod non est dubium eum posse».

wir im Folgenden sehen, dass Thomas gerade diese
Eigenthümlichkeit dem eucharistischen Leibe Christi
zuschreibt, mit Aufhebung jedoch der zur gewöhnlichen definitiven Gegenwart gehörigen Einschränkung
auf einen bestimmten endlichen Raum.

Wenn also die Art der eucharistischen Gegenwart weder eine circumscriptive, noch auch eine definitive ist, so ist sie vielleicht identisch mit der
dritten noch übrigen, welche mit dem Adverb redundanter bezeichnet wird? Es kann ja keine Grenze
angegeben werden, bei welcher die Vervielfältigung
der sacramentalen Gegenwart nothwendig stehen
bleiben müsste, was fehlt da noch zur Unermesslichkeit oder wenigstens zur möglichen Ubiquität des
Leibes Christi? Hinsichtlich der Ubiquität äussert sich
der hl. Thomas in der Antwort auf den sechsten Einwand desselben zuletzt citirten Artikels.[1]) Wenn er
daselbst erklärt, der Leib Christi könne deshalb nicht
allgegenwärtig sein, weil weder die eigenen Dimensionen desselben, noch die Dimensionen des in ihn
verwandelten Körpers die Ubiquität haben können,
so sind diese Worte, wie aus dem Vergleich mit
anderen Stellen[2]) hervorgeht, eigentlich von der immensitas zu verstehen oder sie sind einzuschränken

---

[1]) In IV. dist. 10. q. 1. a. 1. ad 6.: «Corpus Christi non dicitur
esse alicubi nisi ratione dimensionum propriarum et illius corporis, quod in
ipsum conversum est. Non est autem possibile, quod dimensiones
ejus propriae sint ubique neque quod corpus in ipsum con-
vertendum ubique sit: et ideo quamvis corpus Christi sit in pluribus
locis aliquo modo, non tamen potest esse ubique».

[2]) Vgl. I. q. 8. a. 4. «Esse ubique primo et per se est proprium
Dei. .... Esse autem ubique per se dico id, cui non convenit esse ubique
per accidens, id est propter aliquam suppositionem factam; quia sic granum
milii esset ubique, supposito quod nullum aliud corpus esset.
Per se igitur convenit esse ubique alicui, quando tale est, quod, qualibet
positione facta, sequitur illud esse ubique. Et hoc proprie convenit Deo,
quia quotcumque loca ponantur, etiam si ponerentur infinita praeter ista,

auf die faktische, nicht absolute Unmöglichkeit der Allgegenwart des Leibes Christi in der gegenwärtigen von Gott gegebenen Weltordnung. Diese Allgegenwart könnte nämlich vorhanden sein nur in zwei Fällen. Erstens, wenn ausser dem Leibe Christi überhaupt kein anderer Körper existirte, dann gäbe es nämlich keinen anderen wirklichen Raum als den vom Leibe Christi eingenommenen, und dieser wäre mithin omni spatio reali praesens. Zweitens, wenn alle ausser dem Leibe Christi vorhandenen Körper nicht blos ihrer Substanz nach, sondern auch mit ihren Accidentien in Christi Leib verwandelt würden. Auch in diesem Falle gäbe es ausser dem vom Leibe Christi innegehabten Raume keinen wirklichen Raum. Beide Voraussetzungen enthalten keinen inneren Widerspruch, sind darum absolut möglich; weil sie jedoch der gegenwärtigen, von Gott gewollten Weltordnung widersprechen, so sind sie thatsächlich unmöglich.

Was die Unermesslichkeit im eigentlichen Sinne betrifft, so folgt schon aus ihrem Begriffe, dass sie niemals einem Geschöpfe, also auch nicht dem Leibe Christi zukommen kann. Unermesslich ist jenes Wesen, welches naturnothwendig und unter allen Umständen nicht nur an allen wirklich existirenden Orten gegenwärtig ist, sondern mit der gleichen Nothwendigkeit auch alle sonst noch denkbaren und möglichen Räume, falls sie geschaffen würden, erfüllen müsste. Das kann jedoch nicht nur von keinem körperlichen Wesen, sondern überhaupt von keinem Geschöpfe, auch nicht von den reinen Geistern, einfach wegen der Endlichkeit ihrer Naturvollkommenheit, ausgesagt werden.

---

quae sunt, oporteret in omnibus esse Deum». Offenbar versteht Thomas hier unter dem esse ubique per se die immensitas, während das esse ubique per accidens die ubiquitas im gewöhnlichen Sinne bezeichnet.

§ 5.

Positive Erläuterungen der sacramentalen Gegenwart.

Bisher wurde die Frage über die Natur der eucharistischen Gegenwart ausschliesslich negativ erörtert, und es wurde dargethan, dass dieselbe weder als circumscriptive, noch als definitive zu fassen sei, noch auch mit der göttlichen Allgegenwart sich irgendwie decken könne. Es möge nun der Versuch gemacht werden, an der Hand des hl. Thomas einige positive Bestimmungen hierüber aufzustellen und hier kommen wir zunächst zurück auf die früher (S. 18) erwähnte Frage über die non-commensuratio der Dimensionen des Leibes Christi mit denen der sacramentalen Gestalten.

Der hl. Lehrer bezeichnet nämlich die örtliche Gegenwart Christi im Sacrament constant als eine Gegenwart per modum substantiae und diese erläutert er dadurch, dass er sie in directen Gegensatz stellt zur Gegenwart per modum quantitatis vel dimensionum. « Der Leib Christ,» heisst es III. q. 76. a. 5. corp.[1), «ist in diesem Sacramente zugegen nicht nach der eigenthümlichen Weise der dimensiven Quantität, sondern vielmehr nach der Weise der Substanz . . . ., so nämlich, wie die (körperliche) Substanz innerhalb der Dimensionen enthalten ist. Die Substanz des Leibes Christi tritt an die Stelle der Brotsubstanz, und wie diese letztere innerhalb ihrer Dimensionen nicht localiter, d. h. nicht circumscriptive zugegen

---

[1) «Corpus Christi non est in hoc sacramento secundum proprium modum quantitatis dimensivae, sed magis secundum modum substantiae . . . eo scilicet modo, quo substantia continetur a dimensionibus: succedit enim substantia corporis Christi in hoc sacramento substantiae panis; unde sicut panis substantia non erat sub suis dimensionibus localiter, sed per modum substantiae, ita nec substantia corporis Christi».

war, ebenso wenig ist dieses bei der Substanz des Leibes Christi der Fall.» Und in art. 1. ad. 3. derselben q. schreibt Thomas: «Die specifische Natur einer materiellen Substanz als solche, abstrahirt von der Grösse der Quantität des Subjectes, in dem sie sich findet. In einem kleinen mit Luft erfüllten Raumtheil ist die specifische Natur derselben ebenso in ihrer Gänze vorhanden, wie in jedem beliebigen grösseren, und das Gleiche gilt von der menschlichen Natur im grössten und im kleinsten menschlichen Individuum. Dem entsprechend ist in der consecrirten Hostie die Substanz des Leibes Christi, eben weil die Weise ihrer Gegenwart der modus substantiae ist, ganz im Ganzen und ganz in jedem Theile gegenwärtig.» [1])

Welchen Aufschluss über die sacramentale Daseinsweise gibt uns nun diese Gegenwart per modum substantiae? An den eben citirten Stellen wird sie nur von der substantia corporis Christi ausgesagt. Dürften wir daraus schliessen, dass Thomas die Accidentien desselben, insbesondere seine Quantität von der sacramentalen Gegenwart ausschliesse, so wäre die Schwierigkeit sofort gelöst und der Schlusssatz der zuletzt citirten Stelle: «Tota substantia corporis et sanguinis Christi continetur in hoc sacramento post consecrationem, sicut ante consecrationem continebatur ibi tota substantia panis et vini», enthielte eine ganz selbstverständliche Folgerung. Allein wir haben früher schon aus anderen Stellen ersehen

---

[1]) «Propria totalitas substantiae continetur indifferenter in parva vel magna quantitate; sicut tota natura aëris in magno vel parvo aëre et tota natura hominis in magno vel parvo homine. Unde et tota substantia corporis et sanguinis Christi continetur in hoc sacramento post consecrationem, sicut ante consecrationem continebatur ibi tota substantia panis et vini».

und auch in den hier angeführten Artikeln wird es
ganz unzweideutig gesagt, dass die der Substanz des
Leibes Christi zugeschriebene Daseinsweise per modum
substantiae nach der Lehre des hl. Thomas ihr zu-
gehöre nicht in ihrer Präcision von der quantitas
dimensiva, sondern in Verbindung mit dieser letzteren,
welche vi realis concomitantiae zugleich mit der Substanz zugegen ist.[1])

Vom Leibe Christi also nicht nur in der Ganzheit
seiner wesentlichen, sondern auch in der Integrität
seiner ausserwesentlichen Theile wird eine Gegenwart
per modum substantiae behauptet. In jedem Theilchen der consecrirten Hostie, und zwar nach Thomas[2])
auch vor der Brechung ist die volle Quantität des
Leibes Christi vorhanden, wenn auch nicht nach Art
der Quantität, sondern nach Art der Substanz. Es
sind in jedem dieser Theilchen die einzelnen Körpertheile Christi, Kopf, Rumpf, Hand, Fuss distinct und
in ihrer natürlichen Entfernung von einander vorhanden, ohne dass wir anzugeben vermöchten, welchen
Theilen der Hostie die einzelnen Theile des Leibes
Christi entsprechen.[3]) Wie die materielle Substanz als

---

[1]) III. q. 76 a. 3. corp.

[2]) In IV. dist. 10. q. 1. a. 3. sol. III.: »Quidam dicunt, quod hostia
remanente integra Christus totus est sub tota hostia, non tamen sub
qualibet hostiae parte ... Istud autem non potest stare, quia hostia
integra manente aliquo modo est corpus Christi sub partibus hostiae. Si
ergo non sit ibi secundum totum, erit secundum partem. Sed omne, quod
est totum in toto et pars ejus in parte, est ibi situaliter et ita corpus
Christi esset situaliter sub sacramento et circumscriptive,
quod est impossibile. ... Ideo etiam ante fractionem est
totum in toto et totum in partibus, quia ubicumque erat tota natura panis, est tota natura corporis Christi et per consequens etiam totum
corpus et tota quantitas ejus. Et haec est alia opinio, quae magis
vera videtur».

[3]) In IV. dist. 10. q. 1. a. 2. quaestiunc. 4. obj. 3.: «Quandocum-
que sub aliqua quantitate extrinseca continetur corpus aliquod habens

solche ohne Unterschied ebensowohl unter kleineren, wie unter grösseren Dimensionen, und zwar ihrer specifischen Natur nach ganz ebenso im Theile wie im Ganzen gegenwärtig sein kann, so sind auch die Dimensionen des Leibes Christi indifferent ebensogut unter kleineren, wie unter grösseren Dimensionen der sacramentalen Gestalten vorhanden, und zwar ebenso im Theile wie im Ganzen. Thomas geht übrigens noch weiter und vergleicht die sacramentale Daseinsweise des dimensionirten Leibes Christi mit der Art, wie immaterielle, geistige Substanzen an einem Orte gegenwärtig sind. «Sowie jene Wesen, die überhaupt der Quantität entbehren, ohne Unterschied unter grösseren oder geringeren Quantitäten da sein können, so kann auch etwas, das (zwar quantitativ ausgedehnt, aber) nicht nach der Weise dieser seiner Quantität unter irgend einer anderen quantitativen Ausdehnung enthalten ist, die gleiche Indifferenz haben, und das ist der Fall bei der vorliegenden Frage. Dem von der

---

partes distinctas secundum suam intrinsecam quantitatem totam, contingit assignare, sub qua parte illius quantitatis singulae partes contineantur. Sed corpus Christi, cum sit organicum, habet partes distinctas. Si ergo secundum totam suam quantitatem continetur sub dimensionibus, erit assignare, ubi sit caput eius et manus et pes; quod est impossibile, quia parvitas quantitatis non sufficit ad talem distantiam et praecipue, cum partes habeant distantias determinatas propter multa intermedia, quae habent quantitates determinatas».

Resp. Ad tertium dicendum, quod situs, sicut obiectio tangit, quantitatem praesupponit; et quia quantitas Christi nullam similitudinem habet ad dimensiones panis, ideo etiam nec situs partium. Et ideo quamvis corpus Christi, prout est sub sacramento, habeat partes distinctas et situatas situ naturali, non est tamen assignare in partibus dimensionum panis, ubi singulae partes corporis Christi jaceant. Nec tamen sequitur, quod dicamus corpus Christi confusum, quia ordinem habent partes in se; sed secundum ordinem illum non comparantur ad dimensiones exteriores».

Materie unabhängigen Geistwesen kommt es zu,
ganz im Ganzen und im Theile des Raumes zu sein,
weil es ausdehnungslos und seine Substanz von der
Quantität unabhängig ist. Der Leib Christi besitzt
zwar eine, sozusagen innere Quantität und Dimension, steht aber hinsichtlich derselben nicht in einer
Beziehung der Messbarkeit mit der Hostie, und deshalb theilt er, obwohl nicht geistiger Natur, dennoch in der Weise seiner Gegenwart unter
den species die Vollkommenheit der rein
geistigen Wesen.»[1])

Wie war es möglich, so fragt man mit Recht,
eine anscheinend so widerspruchsvolle Theorie aufzustellen? Oder ist es kein Widerspruch, das Vielfache
einer Dimension der Einheit gleichzusetzen, die theilbare Dimension nach Art der untheilbaren Substanz
gegenwärtig sein zu lassen? «Es ist schlechterdings
unmöglich,» wendet Durandus[2]) ein, «dass einem Dinge
eine Daseinsweise zukomme, die seine Natur aufhebt.
Eine quantitative Dimension aber ist ihrer innersten
Natur nach immer theilbar, eine untheilbare Dimension eine contradictio in terminis.»

---

[1]) In IV. dist. 10. q. 1. a. 2. quaestiunc. 4. ad 2. — Ibid. a. 3.
sol. III. ad 3. »Sicut illa, quae non habent quantitatem, possunt
esse indifferenter sub parva et magna quantitate . . ., ita illud, quod non
ratione suae quantitatis' continetur sub aliqua quantitate, potest esse indifferenter in magna et parva quantitate et sic est in proposito». «Spiritui
competit esse totum in toto et in qualibet parte, quia non
habet quantitatem nec a quantitate substantia ejus dependet. Corpus
autem Christi, quamvis in se consideratum non absolvatur a
propria quantitate, tamen non comparatur ad hostiam, sub qua
est, secundum propriam quantitatem: et ideo non est spiritus,
sed participat quantum ad aliquid proprietatem spiritus secundum
comparationem ad species, sub quibus continetur».

[2]) Bei Cajetanus (Tertia pars Summae S. Theologiae S. Thomae Aquin.
cum Commentariis Thomae de Vio Cajetani Cardinalis S. Xysti. Lugduni
1588.) in III. q. 76. a. 3. dub. I. pag. 359.

Wir haben oben (S. 15) schon gesehen, wie
Thomas in der Erwiderung auf ähnliche Einwände
immer nur die Thatsache behauptet, die Dimensionen des Leibes Christi stünden in keinem Verhältnisse der Commensurabilität mit denen der Hostie, ohne
auf eine nähere Begründung der inneren Möglichkeit
derselben einzugehen. Und dies kann uns nicht Wunder
nehmen. Thomas hält ja die Weise der sacramentalen
Gegenwart für eine ganz und gar übernatürliche und
unserem Erkenntnissbereiche so fernliegende, dass er
überhaupt keinem geschaffenen Intellecte, auch nicht
dem eines Engels, die Möglichkeit ihres intuitiven
Anschauens zuerkennt.[1]) Aber aus der ihm fest-
stehenden Unmöglichkeit[2]) der multilocatio (d. h. der

[1]) III. q. 76. a. 7. corp. «Quia modus essendi, quo Christus
est in hoc sacramento, est penitus supernaturalis, a supernatu-
rali intellectu, scilicet divino, secundum se visibilis est et per consequens
ab intellectu beato vel angeli vel hominis, qui secundum participatam cla-
ritatem divini intellectus videt ea, quae supernaturalia sunt, per visionem
divinae essentiae. Ab intellectu autem hominis viatoris non potest conspici nisi per fidem, sicut et cetera supernaturalia. Sed nec
etiam intellectus angelicus secundum sua naturalia sufficit ad hoc
intuendum».

[2]) Vgl. Quodlib. 3. q. 1. a. 2. u. IV. dist. 44. q. 2. a. 2. solut. 3.
ad 4. An der ersteren Stelle sagt Thomas «Ponere, quod (corpus) sit
localiter in hoc loco et tamen sit in alio loco, est ponere
contradictoria esse simul. Unde hoc a Deo fieri non potest». Die
letztere Stelle lautet: «Unum corpus esse simul localiter in duobus
locis, non potest fieri per miraculum». Vgl. auch III. q. 75. a.
1. ad 3., ferner III. q. 81. a. 1. ad 2. und in IV. dist. 10. q. 1. a. 1. ad 5.
Auf die Gründe für oder gegen die Möglichkeit der multilocatio einzugehen,
ist für den Zweck der gegenwärtigen Abhandlung nicht geboten, da auch
jene Theologen, welche wie Suarez, die multilocatio vertheidigen, dieselbe
keineswegs für die Eucharistie aufstellen, sondern wie die Vertreter der
anderen Ansicht die sacramentale Weise der Gegenwart per modum substantiae von der praesentia situalis seu per modum quantitatis wohl unterscheiden. Als Vertheidiger der Möglichkeit der multilocatio führt Vasquez
(Commentariorum ac Disputationum in Tertiam Partem S. Thomae tom. 3.

gleichzeitigen Gegenwart eines und desselben Körpers
an verschiedenen Orten per modum dimensionum oder
circumscriptive) einerseits und aus der katholischen
Lehre von der Gegenwart des ganzen Christus im
Theile sowohl als im Ganzen andererseits ist ihm jene
Thatsache eine so evidente und ihre Annahme eine
so nothwendige, dass er sie nicht nur mit der grössten
Sicherheit ausspricht, sondern auch zum Ausgangspunkte einer Reihe weiterer Lehrsätze über das Verhältniss des eucharistischen Leibes Christi zur Aussenwelt macht. So folgert er (III. q. 76. a. 6. corp.) aus
dem Mangel gegenseitiger Messbarkeit, dass eine Bewegung der sacramentalen Gestalten nicht auch eine
Bewegung eiusdem generis des Leibes Christi mit sich
bringen könne, sondern nur eine Bewegung per accidens, sowie wir sagen, die Seele bewegt sich von
einem Orte zum andern in und mit dem Leibe, obwohl bei einem geistigen Wesen von einer solchen
örtlichen Bewegung im eigentlichen Sinne nicht die
Rede sein kann. Auf die gleiche Voraussetzung gründet
er (III. q. 76. a. 7. corp.) die Lehre, dass der Leib
Christi in der Eucharistie unsichtbar ist für jedes
körperliche Auge, nicht nur wegen der gewöhnlich
so genannten Hülle der sacramentalen Gestalten, sondern weil vom Leibe Christi, eben wegen des Mangels
jener Commensurabilität, keinerlei Einflussnahme auf
die ihn umgebenden Körper und in Folge dessen auch
keine Erzeugung eines Gesichtsbildes durch irgend-

---

auctore R. P. Gabriele Vasquez S. J. Antwerp, 1621 disp. 189. c. 2).
Scotus, Richardus, Gabriel, Marsilius, Okam, Petrus Aliacensis, Aureolus
an. Dazu kommen in späterer Zeit Bellarmin, Suarez, De Lugo und Fran-
zelin (vgl. Schiffini, Disput. Metaphysicae specialis, Augustae Taurin. 1888
vol. I. pag. 235. Nota). Die Unmöglichkeit der multilocatio lehren nach
Vasquez (l. c. cap. 5.) ausser ihm Thomas, Bonaventura, Capreolus, Durandus, Ferrariensis u. a.

welches Medium ausgehen kann (A. a. O. ad 1). Aus
demselben Grunde kann aber auch kein die Eucharistie
umgebender Körper auf den darin gegenwärtigen
Leib Christi irgendwie einwirken, ihn verletzen oder
zerstören. (in IV. dist. 10. q. 1. a. 1. ad 1.)[1]

Einen Versuch jedoch, die so oft behauptete
Thatsache der non-commensuratio unserer Fassungs-
kraft näher zu bringen, finden wir III. q. 76. a. 4.
ad 1.[2] Thomas stellt zunächst den allgemeinen Grundsatz auf, dass die Existenzweise eines Dinges zu be-
stimmen sei nicht nach dem, was ihm nur nebenbei
mit anhaftet, sondern nach dem, was in dem Dinge
direct und in erster Linie Träger des Seins ist. Durch
ein Beispiel aus dem Bereich der Sinnenwelt veran-
schaulicht er diesen etwas dunklen Satz. Irgend ein
Körper ist Gegenstand der Gesichtswahrnehmung
nach seiner weissen Farbe, nicht nach seinem süssen
Geschmacke. Im Sehorgan hat der gesehene Körper
ein ideelles Sein durch das Gesichtsbild. Nun wird
allerdings nicht die Farbe in abstracto, sondern der
gefärbte Körper gesehen und das ideelle Sein im

---

[1] Vgl. Hymn. Lauda Sion: «A sumente non concisus, non con-
fractus, non divisus integer accipitur. — Nulla rei fit scissura.
signi tantum fit fractura, qua nec status nec statura signati
minuitur».

[2] «Modus essendi cuiuslibet rei determinatur secundum id, quod
est ei per se, non autem secundum id, quod est ei per accidens. Sicut
corpus est in visu, secundum quod est album, non autem secundum quod
est dulce, licet idem corpus sit album et dulce. Unde et dulcedo est
in visu secundum modum albedinis, non secundum modum dulce-
dinis. Quia igitur ex vi huius sacramenti est in altari substantia corporis
Christi, quantitas autem dimensiva eius est ibi concomitanter
et quasi per accidens, ideo quantitas dimensiva corporis Christi est
in hoc sacramento, non secundum proprium modum, ut scilicet sit
tota in toto et singulae partes in singulis partibus, sed per modum
substantiae, cujus natura est tota in toto et tota in qualibet parte».

Sehorgane kommt dem Körper zu mit allem, was in
und an ihm ist, so dass in einem gewissen Sinne auch
der Geschmack, die Dichte und andere Bestimmtheiten
in und mit dem Körper, dem sie angehören, Gegenstand der Gesichtswahrnehmung sind und an jenem
ideellen Sein mit theilnehmen. Allein in erster Linie
und direct kommt dieses Sein dem Körper zu nur
rücksichtlich seiner Farbe, die anderen Bestimmtheiten
verhalten sich dazu ganz accidentell und darum kann
man zwar sagen, sie seien ebenfalls im Gesichtsorgane,
aber nach der Weise der Farbe, nicht nach der ihnen
naturgemässen Weise, wie sie Gegenstand anderer
Sinneswahrnehmungen sein können.

Dieser Satz wird nun angewendet auf die eucharistische Gegenwart, und zwar geht der hl. Lehrer
zum Zwecke dieser Anwendung zurück auf die Unterscheidung zwischen der Gegenwart vi sacramenti und
vi naturalis concomitantiae. Aus der Natur der zu
consecrirenden Materie, aus der Bestimmung der
Eucharistie zur geistigen Nahrung und vor allem aus der
Bedeutung der Consecrationsform einerseits, andererseits
aber aus der Untrennbarkeit der physischen Bestand-
theile des verklärten lebendigen Leibes Christi von
einander und von der mit ihnen hypostatisch vereinigten Gottheit erweist er[1] die Nothwendigkeit
dieser Unterscheidung. Ihr zufolge sind vi sacramenti
unter den Brot- und Weingestalten nur die Substanzen von Christi Fleisch und Blut vorhanden.
Alles Uebrige, was zur Integrität des Leibes gehört,
sowie die Seele und die Gottheit Christi sind vi naturalis concomitantiae zugegen.

Auf diese verschiedene ratio praesentiae gründet
sich die von der gewöhnlichen natürlichen Ordnung

---

[1] In IV. dist. 10. q. 1. a. 2. sol. I.

abweichende Art der Beziehung der Substanz des Leibes Christi sowohl als auch seiner Dimensionen zu den sie umschliessenden sacramentalen Gestalten. Um die bei der obigen Analogie von der Gesichtswahrnehmung gebrauchten Ausdrücke zu wiederholen: was von der Persönlichkeit Christi direct und in erster Linie ein Sein unter den sacramentalen Gestalten hat, ist die Substanz seines Leibes und Blutes. Alles Uebrige ist gewissermassen, nämlich mit Rücksicht auf den unmittelbaren Gegenstand der Transsubstantiation, nur per accidens und concomitanter vorhanden und hat daher das Sein im Sacramente nicht nach der ihm sonst naturgemässen Weise, sondern nach der Weise der Substanzen von Christi Leib und Blut, welche unmittelbar die Träger des sacramentalen Daseins sind. Während sonach für gewöhnlich den körperlichen Substanzen die locale Gegenwart nur vermittelst ihrer Quantitäten zukommt, tritt hier der umgekehrte Fall ein: die Substanzen des Leibes und Blutes Christi sind in der Eucharistie gegenwärtig durch sich selbst, nicht erst durch Vermittlung ihrer Quantität, im Gegentheile sie selbst sind der Grund der örtlichen Gegenwart ihrer Dimensionen. Mit anderen Worten, die Beziehung zum einschliessenden Raum haben an sich und in erster Linie für gewöhnlich die Dimensionen des in diesem Raume gegenwärtigen Körpers, seine Substanz hat diese Beziehung nur per accidens und ex consequenti. In der Eucharistie dagegen steht an und für sich die Substanz des Leibes Christi in unmittelbarer Beziehung zu dem von den species eingenommenen Raume, während seine dimensive Quantität erst vermittelst der sie tragenden Substanz als gegenwärtig zu denken ist.[1]

---

[1] In IV. dist. 10. q. 1. a. 2. sol. III. in corp. et ad 2.: Substantia panis, quae convertitur in corpus Christi, non habet aliquam

Nach diesen Erörterungen scheint es, als ob
Thomas in der Unterschiedenheit der Gegenwart ex
vi sacramenti und ex vi realis concomitantiae den
Grund dafür erblicke, dass die dimensive Quantität
des Leibes Christi nicht nach der ihr naturgemässen
Weise, sondern nach Art der Substanz gegenwärtig
ist. In der That gebraucht er an mehreren Stellen
Wendungen, welche diese Meinung nahe legen. «Nicht
die Dimensionen von Brot und Wein.» sagt er III.
q. 76. a. 1. ad 3.[1]) «werden umgewandelt in die Di-

proportionem similitudinis ad quantitatem vel alia accidentia Christi, sed
tantummodo ad substantiam ejus corporis: et ideo, cum nihil
convertatur in corpus Christi de pane nisi substantia panis, quia accidentia
manent, constat, quod conversio illa terminatur directe ad substantiam, non autem ad accidentia, quia accidentia panis remanent, Et ideo
quantitas et alia accidentia propria corporis Christi, non sunt ibi ex
vi sacramenti, sunt tamen ibi secundum rei veritatem ex naturali
concomitantia accidentis ad subjectum». — «Quia dimensiones corporis
Christi non sunt ibi ex vi sacramenti, sed solum ex eo, quod concomi-
tantur inseparabiliter substantiam, constat, quod contrario ordine
sunt ibi dimensiones propriae corporis Christi et dimensiones locati corporis
in loco. Corporis enim locati substantia non habet ordinem
ad locum nisi mediantibus dimensionibus; et ideo quia dimensiones corporis locati non possunt esse simul cum aliis dimensionibus, sequitur ex consequenti, quod substantia corporis locati non possit esse
simul cum aliis dimensionibus neque separatis neque in alio corpore exis-
tentibus. Sed hic e contrario substantia corporis Christi per se imme-
diate ordinatur ad hoc quod sit sub sacramento et dimensiones eius propriae ex consequenti et per accidens. Substantia autem ex hoc, quod est substantia, non prohibetur esse simul cum
dimensionibus quibuscumque sive coniunctis sibi sive separatis aut existen-
tibus in alio subjecto; sicut substantia angeli potest esse simul, ubi est
aliquod corpus: et ideo etiam corpus Christi sub propria quantitate potest
esse sub dimensionibus panis».

[1]) «Dimensiones panis et vini non convertuntur in dimensiones
corporis Christi, sed substantia in substantiam, et sic substantia corporis
Christi vel sanguinis est sub hoc sacramento ex vi sacramenti, non autem
dimensiones corporis vel sanguinis Christi. Unde patet, quod corpus
Christi est in hoc sacramento per modum substantiae et non per modum
quantitatis».

mensionen des Leibes Christi, sondern Gegenstand der Umwandlung sind die beiderseitigen Substanzen. Es ist somit ex vi sacramenti wohl die Substanz des Leibes und Blutes Christi zugegen, nicht aber deren Dimensionen. Daraus erkärt es sich, dass der Leib Christi per modum substantiae zugegen ist und nicht per modum quantitatis." Aehnlich lautet die Stelle III. q. 76. a. 3. corp.[1]): «Weil in diesem Sacramente die Substanz des Leibes Christi ex vi sacramenti, die dimensive Quantität aber nur ex vi realis concomitantiae zugegen ist, deshalb ist der Leib Christi in diesem Sacramente per modum substantiae enthalten, d. h. in der Weise, wie die Substanz unter ihren Dimensionen vorhanden ist, keineswegs aber per modum dimensionum, nämlich nicht nach jener Weise, in welcher die dimensive Quantität eines Körpers von der dimensiven Quantität des Ortes umschlossen wird.» In IV. dist. 10. q. 1. a. 2. sol. III. ad 2[2]) begegnen wir einer gleichen Aeusserung: «Weil die Dimensionen des Leibes Christi nicht ex vi sacramenti zugegen sind, sondern nur insofern, als sie die Substanz unzertrennlich begleiten, so ist es eine ausgemachte Thatsache (constat), dass die dem Leibe Christi zugehörigen Dimensionen in einer ganz anderen Weise hier zugegen sind, als sonst die Dimensionen eines an einem Orte befindlichen Körpers.»

Allein, wie Suarez[3]) richtig bemerkt, kann der Umstand, dass die dimensive Quantität des Leibes Christi nur ex naturali concomitantia zugegen ist, für dieselbe füglich nicht als eigentlicher Grund der

---

[1]) «Quia in hoc sacramento substantia corporis Christi est ex vi sacramenti, quantitas autem dimensiva ex vi realis concomitantiae, ideo corpus Christi est in hoc sacramento per modum substantiae .... non autem per modum dimensionum».

[2]) Siehe das Citat auf Seite 34.

[3]) A. a. O. Disp. 52. sect. 2. pag. 681.

von der gewöhnlichen Gegenwart abweichenden Daseinsweise per modum substantiae angesehen werden. Die Seele Christi und seine Gottheit sind ebenfalls nur concomitanter und dennoch nicht per modum substantiae gegenwärtig. Was Thomas anführt, sei wohl ein sehr passender Convenienzgrund zur Erklärung des thatsächlich gegebenen Sachverhaltes, aber nicht ein eigentlicher Seinsgrund des Mysteriums. Solche Gründe dürfe man bei dergleichen Dogmen, die ganz und gar auf dem freien göttlichen Wohlgefallen und der göttlichen Allmacht beruhen, gar nicht erwarten.

Wir haben übrigens früher schon darauf hingewiesen, dass Thomas eine eigentliche positive Beweisführung für die Möglichkeit der sacramentalen Daseinsweise nirgends bietet. Er war überzeugt, dass ein intuitives Anschauen derselben alle geschöpfliche Erkenntnisskraft weit überragt, er war aber auch ebenso überzeugt, dass gegen ihre Möglichkeit keine zwingenden Gründe vorgebracht werden könnten. Daraus geht von selbst hervor, dass auch er mit der obigen Erörterung keinen inneren Seinsgrund, sondern nur einen äusseren Grund für die A n g e m e s s e n h e i t des in der gegenwärtigen Geheimnisslehre von Gott thatsächlich geschaffenen Verhältnisses geben wollte.

Mit dem bisher Gesagten glauben wir die Darstellung der Lehre des hl. Thomas über die örtliche Gegenwart des eucharistischen Leibes Christi abschliessen zu dürfen. In folgende Sätze fassen wir das Resultat dieser Erörterungen zusammen. E r s t e n s. Der Leib Christi ist in der Eucharistie zugegen mit jener Lage und Ausdehnung seiner Theile, wie sie einem vollkommen entwickelten menschlichen Organismus naturgemäss zukommt. Z w e i t e n s. Die Dimensionen des eucharistischen Leibes sind zugegen nicht nach der ihnen gewöhnlich zukommenden Weise der Messbarkeit mit anderen Körpern, also nicht localiter im engeren Sinne des Wortes, sondern nach Weise der Substanz und ähnlich der Gegenwartsweise rein immaterieller Wesen. Drittens. Die innere Möglichkeit der Gegenwart der Dimensionen per modum substantiae kann kein geschaffener Intellect durch bloss natürliche Kräfte erkennen und darum auch nicht positiv nachweisen.

Im Folgenden möge nun im Anschluss an diese Lehre des hl. Thomas zur Darstellung kommen, in welcher Weise einige seiner bedeutenderen Commentatoren diese Lehre aufgefasst und weiter entwickelt, beziehungsweise klargestellt haben. Wir finden bei ihnen die Lehre des hl. Thomas in einzelnen Punkten erweitert und ausführlicher begründet, in der Regel ergehen sie sich mit grosser Weitschweifigkeit in ihren Ansichten über die Natur der Quantität und die Möglichkeit oder Unmöglichkeit der multilocatio, doch erheben sie sich in den Hauptzügen der gegenwärtig behandelten Lehre nicht über den Meister. Auch sie vergleichen die sacramentale Gegenwart der örtlichen Gegenwart der reinen Geister, vermögen aber selbstverständlich ebenfalls keinen weiteren Aufschluss über die Möglichkeit der untheilbar geistigen Gegenwart für ein in sich ausgedehntes theilbares Körperwesen zu geben. Weil sie jedoch diesen Gegenstand unter manchen neuen Gesichtspunkten behandeln, so dürfte eine Darstellung ihrer Meinungen, so weit sie nicht mit der Lehre des hl. Thomas zusammentreffen, zur Vervollständigung der bisherigen Ausführungen dienlich sein. Wir beginnen mit Suarez.

§ 6.

Ansicht des Suarez.

Weit ausführlicher als Thomas behandelt die örtliche Gegenwart Christi im Sacramente Suarez in seinem Commentare zur Summa Theologica. Im Grossen und Ganzen stimmt er mit dem Doctor Angelicus überein. Obwohl Christi Leib, sagt er,[1]) in diesem Sacramente seine ihm zukommende Quantität besitzt und, seiner Natur überlassen, wie jeder andere Körper den Raum erfüllen würde, erhält er doch durch das Wirken der göttlichen Allmacht eine höhere Weise der Gegenwart, so dass er nicht modo extenso den Raum einnimmt. Auch Suarez erklärt, dass man die Möglichkeit dieser höheren Gegenwartsweise nicht direct beweisen könne, weil sie ganz ins Gebiet des Uebernatürlichen gehöre. Ein solcher directer Beweis sei aber auch gar nicht nothwendig, denn es könne ebenso wenig ihre Unmöglichkeit nachgewiesen werden. Es fehle übrigens nicht an Conjecturen, durch welche jene Gegenwartsweise einigermassen glaublich gemacht werden könne.

Suarez hat bekanntlich in Bezug auf die Quantität der Körper seine eigenen Ansichten und er unterscheidet sich hierin nicht wenig vom hl. Thomas. Er behauptet ferner die Möglichkeit der multilocatio, die der Doctor Angelicus läugnet. Um so merkwürdiger ist es, dass er in der gegenwärtigen Frage, wo es sich doch hauptsächlich um die dimensive Quantität und ihre Gegenwart im Raume handelt, dennoch hinsichtlich der Schwierigkeiten und ihrer Lösung mit Thomas der Sache nach zusammentrifft, wenn er auch andere Worte gebraucht. Was zunächst die multi-

---

[1]) A. a. O. Disp. 48. sect. 1. pag. 584.

locatio anbelangt, so behauptet Suarez,[1] dass ihre
Möglichkeit nothwendig und evident durch das Dogma
vom heiligsten Altarssacramente gegeben sei, und er
kann sich nicht genug wundern, dass bedeutende
Theologen sich das Gegentheil davon einreden. Minder
schwer sei es zu begreifen, dass ein Körper seine
natürlichen Eigenschaften doppelt besitze, als dass er
ihrer gänzlich beraubt werde und doch nehmen alle
an, dass die Dimensionen des Leibes Christi in der
Eucharistie ohne commensuratio ad dimensiones hostiae
zu denken seien. Hinsichtlich der Quantität unterscheidet der Doctor subtilis einen doppelten Formaleffect derselben. Der effectus primarius besteht in der
Ausdehnung der Theile der körperlichen Substanz in
ordine ad se, der effectus secundarius in der Ausdehnung derselben Theile in ordine ad locum. Der
erstere kann nach Suarez von der Substanz niemals getrennt werden; dagegen ist es, absolute
loquendo, möglich, die letztere aufzuheben, und
dieses geschieht thatsächlich im Altarssacramente
durch die göttliche Allmacht. Nach Thomas ist, wie
wir gesehen haben, ebenfalls eine «innere» Ausdehnung des Körpers zu unterscheiden von der commensuratio ad locum. Allein diese letztere ist bei
Thomas nicht ein Formaleffect der Quantität, sondern
eine accidentelle Bestimmtheit des Körpers, welche
man als die Kategorie des situs bezeichnet.

Während Thomas überdies der Körpersubstanz,
sofern sie ohne Quantität gedacht wird, jede wie
immer geartete Zusammensetzung aus ausgedehnten
Theilen abspricht,[2] behauptet Suarez,[3] die materielle
Substanz müsse schon in sich, abgesehen von aller

---

[1] Disp. 48. sect. 4. pag. 595.
[2] I. q. 50. a. 2. corp.
[3] A. a. O. disp. 48. sect. 1. pag. 583.

Quantität partes entitative distinctas aufweisen und
ohne diese Voraussetzung könne die Quantität der
materiellen Substanz überhaupt nicht inhärieren. Die
entitas des substantiellen Subjectes sei der Natur nach
früher als das ihr inhärierende Accidens. Die der
Quantität demgemäss zu supponirende entitas sub-
stantialis könne nicht untheilbar sein, weil sie sonst
durch die hinzutretende Quantität unmöglich entitativ
ausgedehnt werden könnte. Denn wie sollte die Quantität bei einer in sich entitativ untheilbaren Sache die
Theile der Entität vervielfältigen können? Ist aber
die Entität der materiellen Substanz an sich und abgesehen von der Quantität schon theilbar in substantiell
verschiedene Theile, so kann diese Ausdehnung und
Theilbarkeit der substantiellen Theile nicht effectus
formalis der Quantität sein.

Zu diesen entitativ schon distincten Theilen der
Körpersubstanz kommt nun nach Suarez noch der
doppelte Formaleffect der Quantität. Durch den effectus primarius werden die Theile der Substanz ausgedehnt in ordine ad se, d. h. sie haben eine bestimmte
Entfernung von einander, einen organischen Zusammenhang miteinander und bilden eine gewisse Figur,
welche Suarez[1] figura o r g a n i c a oder i n t r i n s e c a
nennt, sie haben jedoch in diesem Stadium noch gar
keine Beziehung zu anderen sie umgebenden Körpern
und können mit diesen nicht gemessen, überhaupt
nicht verglichen werden. Dieses letztere ermöglicht
erst der effectus formalis secundarius der Quantität.
Durch ihn tritt die materielle Substanz in Beziehung
zur Aussenwelt und erfüllt actu einen bestimmten
Raum, aus dem sie jeden anderen Körper verdrängt,
während sie vorher die blosse Möglichkeit zu dieser
Erfüllung eines Raumes hatte. Die Ausdehnung und

---

[1] Disp. 48. sect. 1. pag. 585.

die Figur, welche der Körpersubstanz in diesem zweiten
Stadium zukommen, heisst Suarez eine extrinseca
oder situalis.

Diese Doctrin auf die eucharistische Gegenwart
des Leibes Christi angewandt, ist die Substanz des
Leibes Christi im Sacramente nur mit dem effectus
formalis primarius der Quantität ausgestattet, während
der effectus secundarius durch ein Wunder der Allmacht suspendirt ist. Mit anderen Worten, Christi
Leib in der Eucharistie besitzt eine innere,
organische Gliederung und Ausdehnung
seiner Theile, aber er steht in keiner räumlichen Beziehung zur Aussenwelt, kann daher
weder mit den eucharistischen Gestalten selbst, noch
auch mit andern diese umgebenden Körpern gemessen
werden.[1]) In Beziehung auf einander haben die Theile
des eucharistischen Leibes eine Entfernung von einander, die Suarez „quantitativa“ nennt, entsprechend
den gewöhnlichen Dimensionen eines menschlichen
Körpers. Mit den eucharistischen Gestalten jedoch
verglichen, fällt jene Distanz, die in diesem Falle
„situalis“ wäre, weg, und man könnte sagen, alle
Theile des Leibes Christi seien mit Rücksicht
auf die species oder andere diese umgebende Körper
gleich weit von einander entfernt oder
einander gleich nahe, weil sie alle indivisibiliter
im selben Raume gegenwärtig sind.[2])

Dass diese Darstellung des Suarez, soweit sie
sich auf die innere Gestaltung des eucharistischen
Leibes und sein Verhältniss zum Raume bezieht, sich
nur im Ausdruck, keineswegs aber in der Sache von
der Lehre des hl. Thomas unterscheidet, scheint keines
weiteren Beweises zu bedürfen. Hier wie dort ist der

---

[1]) Ebendaselbst.

[2]) Ebendaselbst pag. 586.

eucharistische Leib Christi in sich ausgedehnt und gegliedert, steht jedoch in dieser seiner Gliederung und Ausdehnung in keiner Beziehung der Messbarkeit zu andern Körpern. Ebenso wie Thomas vergleicht Suarez[1]) die sacramentale Gegenwart des Leibes Christi der Gegenwart am Orte, wie sie rein geistigen Wesen zukommt, nur dass er ergänzend hinzufügt, die Gleichheit der beiden Weisen der Gegenwart beziehe sich auf die Incommensurabilität mit dem Raume, nicht aber auf das Subject, da die Gegenwart eines Engels am Orte ratione subjecti wirklich geistig und untheilbar, jene des sacramentalen Leibes Christi hingegen ex parte subjecti materiell und theilbar sei.

Eine positive Begründung der inneren Möglichkeit, dass ein in sich ausgedehnter Körper dennoch in keiner Beziehung der Messbarkeit zu anderen ihn umgebenden und gleichfalls ausgedehnten Körpern stehe, findet sich auch bei Suarez nicht. Auf die Hauptschwierigkeit, die sich hier aufdrängt: Wie kann ein quantitativ ausgedehnter Körper, der doch seinem Wesen nach theilbar sein muss, nach Art der Substanz, nämlich untheilbar gegenwärtig sein, antwortet Suarez nur mit der Unterscheidung zwischen dem effectus primarius und secundarius der Quantität. Das Wesen der Quantität verlange bloss die Möglichkeit einer Ausdehnung in loco, nicht die wirkliche Ausdehnung am Orte und die Ausfüllung desselben.[2]) Jedermann sieht aber ein, dass damit die Frage eigentlich nicht gelöst, sondern nur um ein Glied hinausgeschoben ist. Denn auch die blos organische oder innere Ausdehnung der Körpersubstanz ist eine wirkliche, nicht blos mögliche Ausdehnung, und es fragt

---

[1]) Disp. 48. sect. 1. pag. 580.
[2]) A. a. O. pag. 582.

sich nur, warum sie nicht in Beziehung gebracht werden könne zu dem sie umgebenden Orte.

Suarez erwähnt auch,[1]) wie vor ihm Thomas[2]) die sonderbare Ansicht, nach welcher die Gegenwart des ganzen Leibes Christi in jedem, auch dem kleinsten Theile der species, erklärt wird durch eine Compenetration der einzelnen Gliedmassen des eucharistischen Leibes Christi. Diese Ansicht, welche im Mittelalter von Soto und Gabriel vertheidigt wurde, hat auch in neuester Zeit noch Vertreter gefunden.[3]) Ihr

---

[1]) Disp. 48. sect. 1. pag. 580.

[2]) In IV. dist. 10. q. 1. a. 2. quaest. 4. ad 3.

[3]) So lesen wir in Oswald, die dogmatische Lehre von den heiligen Sacramenten der katholischen Kirche, Münster 1856, I. B. S. 418: «Das Dogma der Kirche fordert für den in der Eucharistie anwesenden Leib des Herrn die actuelle Ausdehnungslosigkeit des sacramentalen Leibes Christi. Nimmt man die natürliche Grösse des Leibes Christi, so müsste derselbe, wenn ausgedehnt, über die geweihte Hostie nach allen Dimensionen hinausragen. Denkt man aber den Leib Christi in seinen Theilen auch nach dem verjüngtesten Massstabe, so könnte auch dann seine Figur ja noch immer nicht mit der runden Figur der Hostie sich decken. Aber auch hiermit noch nicht genug: da der Leib Christi nach der wohlbegründeten Auffassung der eucharistischen Totalität in jedem denkbaren Theile der Hostie ganz gegenwärtig ist, so fordert das Dogma, dass in jedem Punkte des von den Gestalten umschriebenen Raumes auch die einzelnen Theile oder Glieder des Leibes Christi praesent seien, da in jedem nächstfolgenden Punkte der ganze Leib Christi zugegen ist, also das Auseinander der Theile des Raumes keinem Auseinander der Theile des Leibes correspondiren kann, fordert also ein räumliches Ineinander der Theile oder wie man sich ausdrückt, eine gegenseitige Compenetration der Gliedmassen des sacramentalen Leibes Christi. Bei einem solchen Convolut von Geheimnissen schaudern wir freilich zusammen, und in der That das Grübeln über diese Verhältnisse nützt nicht viel. Nicht umsonst heisst die Eucharistie ein «tremendum mysterium». So weit Oswald. Der Curiosität halber sei noch die Theorie von der mikroskopischen Verkleinerung des Leibes Christi, wie sie Simonnet (de Euch. tract. 14, disp. 5. a. 4.), citirt bei Billot (De Eucharistia, Romae 1889, pag. 113, Lithogr.) lehrt. «Dicunt, sagt Billot, corpus Christi virtute divina redigi ad staturam minutissimam (quidni enim virtus divina posset, quod potest machina hydraulica?)

zufolge wäre die Weise der sacramentalen Gegenwart nicht specifisch verschieden von der gewöhnlichen natürlichen Gegenwart eines Körpers am Orte. Während Thomas (a. a. O.) nur mit einigen Worten diese

---

atque in hoc statu microscopico replicari sub singulis, ut ipsi loquuntur, specierum moleculis». Mit Recht sagt Billot von dieser Ansicht, sie mache aus dem Leibe Christi ein Monstrum, Abgesehen davon, dass Christus unter der ganzen Hostie nicht einmal, sondern so oftmal zugegen ist, als Molecüle da sind. – Die neueren Dogmatiker übergehen in der Regel die Besprechung der gegenwärtigen Frage. Dr. Franz Schmid («Definition und Wesen der Quantität») in der Zeitschrift für katholische Theologie, Innsbruck 1891, XV. Bd., I. Heft, S. 78 ff.), der sonst die Suaresischen Anschauungen über Quantität vertheidigt, unterscheidet zwischen dem actuellen Nebeneinandersein der Theile, verbunden mit der actuellen Undurchdringlichkeit und zwischen der blossen Tendenz oder Eignung zur Undurchdringlichkeit und zum räumlichen Nebeneinander. Beides könne in einem gewissen durchaus wahren Sinne Quantität genannt werden. In diesem Sinne spricht er von einer doppelten Ausdehnung und einer doppelten Figur oder Gestalt des eucharistischen Leibes Christi. Die Ausdehnung und Figur des Leibes Christi in loco coelesti ist eine bloss potentielle in Beziehung auf die thatsächliche Ausdehnung der sacramentalen Gestalten, während die actuelle Ausdehnung und Figur des eucharistischen Leibes identisch oder, besser gesprochen, gleich ist mit der Ausdehnung und Figur der consecrirten Gestalten. Zur Erläuterung ist kurz vorher das Beispiel eines elastischen Bandes angeführt, welches in dem Augenblicke, wo es stark gedehnt wird, actu eine andere Ausdehnung und Figur hat, als wenn es sich in seinem natürlichen Zustande befindet. Doch darf aus diesen Aeusserungen wohl keineswegs geschlossen werden, dass Schmid hier an eine im engeren Sinne locale oder circumscriptive Gegenwart des Leibes Christi innerhalb der Hostie denkt. Aus seiner früheren Unterscheidung (S. 60 ff.) zwischen der quantitas molis, worunter er den Inbegriff der Massentheilchen eines Körpers ohne Rücksicht auf den Raum, den sie einnehmen, und der quantitas simplicis extensionis, welche umgekehrt die Sphäre der Gegenwart eines Dinges ohne Rücksicht auf seine Masse oder Dichtigkeit bezeichnet und welche in einem gewissen Sinne auch rein geistigen Wesen zukommen kann, scheint hervorzugehen, dass durch die obige Darstellung der Ort der consecrirten Hostie nur als die Raumgrenze bezeichnet werden soll, auf welche überhaupt die Gegenwart des Leibes Christi, möge sie von welcher Art immer sein, einzuschränken ist. Aus neuester Zeit wäre noch der 31. von den durch die Congreg. Inquisit. am 14. De-

Lehre ablehnt, widmet ihr Suarez[1]) eine eingehendere
Widerlegung. Man müsste, wie er ausführt, dieser
Erklärungsweise zufolge dem eucharistischen Leibe
Christi verschiedene Stellungen zuschreiben nach allen
möglichen Richtungen hin, das aber wäre eine höchst
unschickliche Annahme. Ausserdem müsste man sich
die Gegenwart des Leibes Christi ins Unendliche ver-
vielfältigt denken, damit auch wirklich alle einzelnen
Theile der Gliedmassen an jedem Punkte der species
vorfindlich seien. Trotz alledem wäre jedoch nach
dieser Lehre an den einzelnen Punkten der Hostie,
die bezeichnet werden könnten, dennoch nicht der
ganze Christus zugegen, sondern ebenfalls nur untheilbare Punkte seines Leibes. Schliesslich sträubt
sich, wie Suarez hinzufügt, der gesunde Menschen-
verstand vor einer solchen Entstellung, Verkleinerung,
Complicirung und Confundirung der Glieder eines
menschlichen Körpers, wie sie hier angenommen
werden müsste.

Obwohl nun zwischen dem eucharistischen Leibe
Christi und den Gestalten des Sacramentes kein Verhältniss gegenseitiger Messbarkeit besteht, so muss
dennoch eine wie immer geartete Beziehung zwischen ihnen nothwendig angenommen
werden. Dass der Leib Christi nicht als Subject und

---

cember 1887 verurtheilten Lehrsätzen Rosmini's anzuführen, der da lautet: In
sacramento Eucharistiae, vi verborum corpus et sanguis Christi est tantum ea
mensura, quae respondet quantitati (à quel tanto) substantiae panis et vini,
quae transsubstantiatur: reliquum corporis Christi ibi est per concomitan
tiam». Doch bezieht sich dieser Satz nicht zunächst auf die Gegenwarts
weise des eucharistischen Leibes, sondern vielmehr auf den Umfang
dessen, was in diesem Sacramente vi verborum zugegen ist, und
dazu gehört dieser Entscheidung der Congregation gemäss der ganze Leib
Christi, nicht blos ein solches Quantum des Leibes, welches den Dimen
sionen der Hostie entspräche.

[1]) Disp. 48. sect. 1. pag. 580.

Träger der Brotsgestalt anzuschen ist, wie es vorher die Brotsubstanz war, geht hervor aus der Verurtheilung des zweiten Artikels des Johannes Wicleff: «Accidentia panis non manent sine subiecto in eodem (altaris) sacramento.» An ein locales Umschlossenwerden des Leibes Christi durch die Accidenzen des Brotes ist nach all dem Gesagten um so weniger zu denken. Viele Theologen, unter welche Suarez[1]) auch Thomas von Aquin,[2]) Cajetan (in III. q. 75. a. 1.) und Bellarmin (l. 3. de Euchar. c. 18. sqq.) zählt, nehmen an, dass ausser der blossen Gegenwart auch eine gewisse Vereinigung zwischen ihnen vorhanden sei, deren Natur jedoch unserer Erkenntniss verborgen sei, während andere, wie Scotus und Gabriel Biel zwischen dem Leibe Christi und den sacramentalen Gestalten kein anderes Verhältnis als das eines bloss äusserlichen Naheseins ex pacto divino finden wollen, insofern der Leib Christi durch die freie Anordnung des göttlichen Willens immer da sacramental gegenwärtig werde, wo sich die consecrierten Elemente befinden. Suarez selbst (Disp. 47. sect. 3. pag. 570) denkt sich das Verhältniss des Leibes Christi zu den Accidentien als ein effectives (nicht inhaesives) Tragen derselben und er beruft sich hiebei auf den für die Sacramente allgemein angenommenen Grundsatz, dass Gott sich zu den übernatürlichen Gnadenwirkungen, also auch zur Sustentirung der Accidentien eines Geschöpfes als Werkzeuges bedienen könne.

---

[1]) Disp. 47. sect. 3. pag. 569.

[2]) IV. dist. 11. q. 2. a. 1. quaestiunc. 1. ad. 1. Hier erklärt Thomas die Worte des Johannes Damasc. l. 4. de fide c. 14.: «Deus coniunxit divinitatem suam pani et vino et fecit ea corpus et sanguinem suum» in folgender Weise: «Hoc intelligendum est quantum ad species, quibus Christi corpus divinitati unitum modo ineffabili coniungitur».

Was die Beziehung der sacramentalen Gegenwart Christi zur rein localen Gegenwart in loco coelesti betrifft, so meint Suarez (Disp. 48. sect. 2. pag. 587), es bestünde keine innere, nothwendige Abhängigkeit der einen von der andern, und es könnte der Leib Christi ebenso gut nur sacramentaliter existiren, sowie er vor der Einsetzung dieses Sacramentes nur in der eigentlich circumscriptiven Gegenwart existirte und nach dem Ende der Weltzeit wieder nur in dieser letzteren existiren wird. Demgemäss hätte auch vor der Incarnation ein Leib Christi geschaffen und auf sacramentale Weise gegenwärtig werden können. Doch hält es Suarez für wahrscheinlich, dass zwischen dem in quantitativer Weise existirenden Leibe Christi und dem sacramentalen ein Abhängigkeitsverhältniss in genere causae efficientis bestehe, weil nach der allgemeinen Ansicht der Theologen die menschliche Natur Christi das instrumentum conjunctum bei der Wirksamkeit aller Sacramente sei.

Die bisherige Uebereinstimmung zwischen Thomas und Suarez finden wir auch in der Angabe des Grundes, aus welchem eine Vervielfältigung der sacramentalen Gegenwart in indefinitum möglich sei, während wir doch sonst bei jeder anderen Art der Gegenwart von Geschöpfen nothwendig auf eine Grenze der Ausdehnung ihres Daseins und Wirkens stossen müssen. Thomas leitet, wie wir oben (S. 20) gesehen haben, diese Möglichkeit her aus dem inneren Zusammenhang der sacramentalen Gegenwart mit der Wesenswandlung, deren Vervielfältigung in unabsehbarer Anzahl stattfinden könne. Suarez spricht die gleiche Ansicht aus, und er sucht sie auch zu erläutern durch den Hinweis auf die potentia oboedientialis, nach welcher allein ein Körper die sacramentale Weise

der Gegenwart erlangen könne. Dieselbe erstreckt
sich nämlich so weit, als kein Widerspruch vorhanden
ist, während die analoge Daseinsweise des Engels
z. B. auf seiner potentia naturalis beruht, welche
nothwendig eine bestimmte Grenze ihrer Actuabilität
haben muss.[1])

§ 7.

Ansichten des Cajetanus, Vasquez, Ferrariensis und Billuart.

Weit kürzer als bei Suarez können wir uns
fassen bei Cajetanus und den noch übrigen zu er-
wähnenden Commentatoren des hl. Thomas. Eine
merkliche Weiterentwicklung des in der gegenwärtigen Arbeit behandelten Fragepunktes liefern sie
nicht. Cajetanus[2]) erklärt die Gegenwart per modum
substantiae folgendermassen: «Per modum substantiae
in einem Andern existiren heisst so viel als indivisibiliter darin existiren. Damit wird keineswegs gesagt, dass die Sache, welche so vorhanden ist, in sich untheilbar sei, sondern
nur, dass sie auf eine untheilbare Weise
(d. h. wie ein untheilbares Wesen) zugegen sei und
nicht quantitative oder coëxtense, wie bei der gewöhnlichen localen Gegenwart die Quantität eines
Körpers mit der eines anderen im Verhältniss gegenseitiger Messbarkeit ausgedehnt ist.»

Auf den scharfen Einwand des Durandus, die
Untheilbarkeit und damit auch die Gegenwart nach Art
eines untheilbaren Wesens sei unvereinbar mit der

---

[1]) Disp. 48. sect. 3. pag. 591.
[2]) A. a. O. in III. q. 76. a. 2. pag. 358.

Quantität, da diese ihrem innersten Wesen nach immer ausgedehnt und theilbar ist, antwortet Cajetanus im Grunde ebenfalls nur mit der Unterscheidung zwischen einer extensio partium intrinseca und situalis[1]. Der sacramentale Leib bleibe in sich immer theilbar, weil aus distincten Theilen bestehend: er entbehre nur hinsichtlich der species und anderer ausser diesen befindlicher Körper jenes Prädicamentes, welches man als situs oder ubi bezeichnet. Dieses Prädicament schliesse immer eine Beziehung der Messbarkeit mit dem Orte ein, es gehöre aber durchaus nicht zum Wesen der dimensiven Quantität. Dieses verlange vielmehr nur eine innere Zusammensetzung aus Theilen ohne Rücksicht auf den Ort und differenziere sich dann in eine quantitas habens situm vel positionem in loco und eine quantitas carens illa. Somit könne man nicht sagen, dass der quantitativ ausgedehnte eucharistische Leib Christi einer zum Wesen der Quantität nothwendig gehörenden Eigenschaft verlustig sei.

Wollte man aber subsumiren und sagen, auch eine nur quoad se und intrinsece ausgedehnte und theilbare körperliche Substanz ist ein in Wirklichkeit ausgedehnter Körper und es muss sich deshalb seine Ausdehnung messen lassen mit der Ausdehnung anderer Körper, so fände sich auch bei Cajetanus keine weitere Discutirung dieser Frage.

Wie Vasquez[2] über den vorliegenden Gegenstand dachte, ergibt sich aus seinem Commentar in III. Summae Theol. Disp. 190. c. 1. n. 1, wo er sagt:

---

[1] A. a. O. pag. 359.

[2] Commentariorum ac Disputationum in Tertiam Partem S. Thomae tom 3. auctore R. P. Gabriele Vasquez S. J. Antwerp. 1621.

«Wer die Art der Gegenwart der Engel in den
Körpern und am Orte wohl versteht, der wird auch
leicht einsehen, was in der gegenwärtigen Contro-
verse von der Gegenwart Christi im Sacramente zu
halten ist.» Er weist (c. 3. n. 22.) die suaresische Annahme eines doppelten Formaleffectes der Quantität
zurück, steht aber im Uebrigen auf demselben Stand-
punkte wie die bisher erwähnten Theologen. «Was
den Ort und die Bewegung am Orte betrifft,» sagt
er (Disp. 190. c. 3. n. 34.), «so ist nach meiner Ansicht
die Gegenwart des Leibes Christi in der Eucharistie
philosophisch in derselben Weise zu erklären wie die
Gegenwart des Engels am Orte. Der Leib Christi
besitzt zwar seine Quantität, aber er besitzt sie nicht cum modo extensionis ad
locum, mithin ist seine Gegenwart am Orte von der
Art, wie wenn er überhaupt nicht quantitativ ausgedehnt oder ein ganz und gar
geistiges Wesen wäre. Wie bei einem solchen
kann man auch beim eucharistischen Leibe Christi
nicht von einer örtlichen Entfernung mit Rücksicht
auf die species oder einen anderen Körper, der sie
umgibt, sprechen. Denn die Einfachheit und die Untheilbarkeit eines geistigen Wesens ist von ganz anderer Art als die Einfachheit und Untheilbarkeit des
mathematischen Punktes, der allerdings der Ausgangs-
punkt eines Masses sein kann.»

Ferrariensis[1]) in IV. Cont. Gent. c. 64. findet bei
Thomas (III. q. 76. a. 3. ad 2.) eine doppelte Wirkung
der Quantität angegeben, eine innere und eine einigermassen äussere. Die erstere bezeichnet er mit dem
Ausdruck esse quantum et divisibilitas in

---

[1]) D. Thomae Aquinatis Summa contra Gentiles, commentariis
Francisci de Sylvestris Ferrariensis illustrata. Paris 1552.

partes atque ordo partium in toto. Die letztere ist charakterisirt als condividi alteri quantitati et partes ejus partibus loci respondere. Im eucharistischen Leibe Christi findet sich die erste, nicht die zweite Wirkung. Er ist nämlich in sich selbst theilbar und seine Theile stehen zu einander in einem gewissen Verhältniss, doch entsprechen diese Theile des Leibes Christi nicht den Theildimensionen der Brotsgestalten oder anderer Körper. Man könne somit die Gegenwart Christi im Sacramente eine theilbare und eine untheilbare nennen; theilbar ist der Leib Christi in sich, untheilbar aber in seiner Beziehung zu anderen Körpern.

Billuart endlich [1]) bemerkt, nachdem er die Lehre des hl. Thomas über die circumscriptive Gegenwart des Leibes Christi im Himmel und die sacramentale in der Eucharistie auseinander gesetzt hat: «Haec, fateor, transcendunt imaginationem, quia, ut alicubi dicit auctor (sc. S. Thomas), imaginatio non transcendit continuum. Corrigenda est ergo imaginatio per fidem et rationem.» Dasselbe wiederholt er bei der obj. 2., wo er erklärt, der Leib Christi könne nicht ohne eine bestimmte Figur gedacht werden, insofern unter dieser Figur die coordinatio partium in se et in toto, wohl aber, wenn darunter die ordinatio partium in ordine ad locum verstanden werde. Denn unter der ersten Rücksicht habe der Leib Christi eine bestimmte Figur, das Haupt sei verschieden vom Hals, die Hand verschieden vom Fuss und die Arme von den Schultern.

---

[1]) Summa S. Thomae hodiernis academiarum moribus accommodata sive cursus Theologiae Universalis juxta mentem et, inquantum licuit, juxta ordinem et literam D. Thomae in sua Summa, opera et studio F. Caroli Renati Billuart O. P. tom. III. Wirceburg 1758. tract. de almo Euchar. sacram. dissert. I. art. 4. § 3. obj. 1.

«Hic iterum per rationem corrigatur imaginatio, quae non transcendit continuum.» Zuletzt führt er die Möglichkeit der non-commensuratio ad locum zurück auf die mögliche Aufhebung des effectus secundarius quantitatis.

Zum Schlusse möge es erlaubt sein, mit einigen Worten die hieher gehörige Lehre des Joannes Duns Scotus[1]) anzuführen, einerseits weil Suarez[2]) auf ihn verweist, und anderseits weil Scotus thatsächlich den Grund für die innere Möglichkeit der so oft besprochenen non-commensuratio aufzustellen bemüht ist. Auch er spricht zunächst von einer positio partium in se und einer positio partium in ordine ad locum. Die erstere, sagt er, ist absolut untrennbar von der Quantität, denn man kann sich unmöglich ein quantum dimensionatum denken, in dem nicht der Abstand eines Theiles vom andern und das Mass der dazwischen liegenden Entfernung angegeben werden könnte. Die an zweiter Stelle genannte positio partium in ordine ad locum hingegen fügt zur ersteren eine Bestimmtheit hinzu, die durch Gottes Allmacht vom corpus quantum getrennt werden kann, nämlich die reale Beziehung seiner Theile zum Orter oder zu den Theilen des Ortes. Und zwar kann diese reale Beziehung eines quantitativ ausgedehnten Körpers zu andern ihn umgebenden Körpern beseitigt werden nicht blos negativ, d. h. durch die einfache Entfernung dieser andern Körper, zu welchen der erstere in Beziehung treten könnte, sowie es z. B. der Fall wäre bei einem Körper, der von Gott ausserhalb des

---

[1]) Quartum Scriptum Oxoniense Doctoris subtilis Joannis Duns Scoti O. M. super quarto sententiarum. Venet. 1515 in IV. dist. 10. q. 1 pag. 38 m—p.

[2]) Disp. 52. sect. 2. pag. 679.

ganzen Universums geschaffen würde (und fügen wir
hinzu, beim ganzen körperlichen Universum als solchem,
das nicht in irgendwelche Beziehungen zu andern
Körpern treten kann, weil eben ausser ihm der
Voraussetzung gemäss keine andern Körper existiren), sondern auch positiv, nämlich die wirkliche
Existenz noch anderer Körper vorausgesetzt, mit
denen eine coextensio und commensuratio stattfinden könnte.

Diese Aufstellung sucht Scotus in folgender
Weise zu rechtfertigen. Daraus, dass jeder Körper
völlig indifferent ist für jede beliebige Stellung seiner
Theile zum Orte, schliesst Scotus, es könne die positio
corporis in loco und die commensuratio mit demselben
nicht zum Wesen des Körpers gehören. Da sie ferner
ausser einer bloss äusserlichen Relation keine absolute Vollkommenheit im Körper setzt, so muss sie
wenigstens durch Gottes Allmacht davon getrennt
werden können. Es sei ausserdem wohl zu unterscheiden zwischen der blossen coexistentia zweier,
wenn auch körperlich ausgedehnter Dinge und der
coextensio ihrer Theile. Man könne sich nämlich
sehr leicht die gleichzeitige Existenz eines Dinges in
seiner Gänze mit einem anderen ebenfalls in seiner
Gänze denken, ohne dass diese coexistentia der beiden
in ihrer Ganzheit auch eine coextensio ihrer Theile,
wenn solche vorhanden sind, nothwendig mit sich
brächte. Man denke nur an die Coexistenz eines rein
geistigen Wesens mit einem Körper. Diese gleichzeitige Existenz bedinge in den betreffenden Dingen
wohl eine Beziehung der Gleichheit oder Ungleichheit, aber nicht unbedingt auch einen respectus ex-
trinsecus adveniens, wie es die commensuratio ad
locum oder coextensio ist. Die relatio extrinseca ad
locum, die naturgemäss allen sich räumlich nahen

Körpern anhaftet, ist durch die göttliche Allmacht
vom eucharistischen Leibe Christi getrennt. Von den
Theilen dieses Leibes könne man demgemäss wohl
sagen, der eine befinde sich ausserhalb des andern, so lange nur die Rede ist von der inneren
Zusammensetzung und Verschiedenheit der
Theile. Sobald jedoch mit jenem Ausdruck «ein
Theil ausserhalb des andern» eine reale Beziehung zum äusseren Orte angezeigt werden solle,
wäre jener Satz nicht mehr zutreffend, weil er dann
den Sinn hätte, ein Theil sei ausserhalb des Ortes,
an welchem sich der andere Theil befindet.

§ 8.

Schluss.

Die bisherigen Erörterungen lassen sich ungefähr in folgender Weise recapituliren. Der hl. Thomas
und die übrigen angeführten Theologen halten es für
die allgemeine Lehre der katholischen Schulen, dass
in der Eucharistie mit der Substanz des Leibes und
Blutes Christi auch deren naturgemässe quantitative
Ausdehnung zugegen sei. Nichtsdestoweniger ist nach
ihnen der so quantitativ ausgedehnte eucharistische
Leib ganz in der ganzen Hostie und ganz in jedem,
auch dem kleinsten Theilchen derselben zugegen. Die
sacramentale Weise der Gegenwart ist nämlich ganz
und gar verschieden von den uns sonst bekannten
Arten der Gegenwart am Orte, insbesondere verschieden von der den Körpern in der gewöhnlichen
natürlichen Ordnung zukommenden Weise, welche
man die circumscriptive zu nennen pflegt. Obwohl in
sich ausgedehnt und aus Theilen zusammengesetzt,

ist der Leib Christi innerhalb der species doch untheilbar, sowie ein rein geistiges Wesen zugegen und
ebenso wenig wie bei einem solchen kann man beim
eucharistischen Leibe von einer Messbarkeit oder Co-
extension der Theile mit den Theilen der am selben
Orte befindlichen Körper reden.

Die innere Möglichkeit der gleichzeitigen Gegenwart zweier in sich ausgedehnter Körper am selben
Orte ohne die Beziehung gegenseitiger Messbarkeit
wird von den erwähnten Theologen nicht ex professo
behandelt, weil sie die positive Erkenntnis der Natur
der eucharistischen Gegenwart für einen Gegenstand
halten, der die Kräfte unseres natürlichen Vernunft-
erkennens übersteigt. An der Thatsache jedoch zweifelt
keiner auch nur im geringsten. Ebenso sicher waren
sie alle überzeugt, dass kein innerer Widerspruch in
dieser Lehre liege, wenn auch die Sinneswahrnehmung
der auf die Offenbarungswahrheit gestützten Entwick-
lung derselben nicht zu folgen vermag.

Wer möchte diese Theologen wegen dieser ihrer
Haltung verurtheilen? Wie oft bedurften nicht die
landläufigen Anschauungen über die Erscheinungen
in der uns umgebenden Sinneswelt einer Correctur,
weil der sprachliche Ausdruck sich gewöhnlich nur
dem Sinneseindruck conformirt, ohne streng wissen-
schaftliche Exactheit zu beanspruchen! Aus den zahlreichen Ansichten, wie sie bei den Philosophen über
die Natur des Raumes herrschen,[1] geht klar hervor,
dass vom Raume dasselbe gilt, was Augustinus
(Confess. 1. XI. c. 22) von der Zeit sagt: «Manifestis-
sima et usitatissima sunt et eadem rursus
nimis latent et nova est inventio eorum.» Die Lehre
des hl. Thomas von der örtlichen Gegenwart des

[1] Vgl. Schiffini, Metaph. special., Aug. Taurin. 1888. vol. I.

eucharistischen Leibes Christi entbehrt nicht der
Dunkelheit und es kann nicht anders sein, denn sonst
wäre die Eucharistie nicht mehr das sacramentum ad-
mirabile,[1] aber sie ist durchaus würdig eines so er-
habenen Gegenstandes, was von den anderen erwähnten Ansichten nicht in dem Grade behauptet
werden kann, und was mehr von Bedeutung ist, sie ist
bis jetzt noch nicht widerlegt worden.

---

[1] Concil. Trid. sess. XIII. cap. I.

Gesellschafts-Buchdruckerei Brüder Hollinek, Wien, III., Erdbergstr. 3.

Inhalt.

--- —